中华先贤人物故事汇

陆游

沙爽 著

中华书局

图书在版编目（CIP）数据

陆游/沙爽著. —北京：中华书局，2021.7（2025.2 重印）
（中华先贤人物故事汇）
ISBN 978-7-101-15023-0

Ⅰ.陆…　Ⅱ.沙…　Ⅲ.陆游（1125～1210）-生平事迹
Ⅳ.K825.6

中国版本图书馆 CIP 数据核字（2021）第 007547 号

书　　名　陆　游
著　　者　沙　爽
丛 书 名　中华先贤人物故事汇
责任编辑　董邦冠
美术总监　张　旺
封面绘画　张　旺
内文插图　于露露
责任印制　管　斌
出版发行　中华书局
　　　　　（北京市丰台区太平桥西里 38 号　100073）
　　　　　http://www.zhbc.com.cn
　　　　　E-mail:zhbc@zhbc.com.cn
印　　刷　三河市宏达印刷有限公司
版　　次　2021 年 7 月第 1 版
　　　　　2025 年 2 月第 7 次印刷
规　　格　开本/787×1092 毫米　1/32
　　　　　印张 4⅝　插页 2　字数 50 千字
印　　数　22001-25000 册
国际书号　ISBN 978-7-101-15023-0
定　　价　20.00 元

出版说明

孔子周游列国，创立儒家学说；张骞出使西域，开辟丝绸之路；书圣王羲之，留下了曲水流觞的佳话；诗仙李白，写下了"举头望明月，低头思故乡"的名篇；王安石为纠正时弊，推行变法；李时珍广集博采，躬亲实践，编撰医药学名著《本草纲目》……

这些杰出的历史人物，有的是在中华民族文明进程中做出过突出贡献、对后世产生过巨大影响的思想家、政治家，有的是对中华优秀传统文化的传承传播发挥过重大作用的文学家、艺术家、科学家，有的是为国家安定统一、民族融合团结和中外文化交流做出过杰出贡献的军事家、外交家……他们为中华民族的繁荣发展做出了伟大的贡献，他们的行为事迹、风范品格为当世楷模，并垂范后世。

他们是中华民族的先贤人物。他们的思想、品德、事迹，是中华优秀传统文化的结晶。他们的故事，是对中华民族的禀赋、特点和气质最生动、最鲜活的阐释。他们的名字，在五千年中华文明史上最为光彩夺目。他们为五千年中华文明史书写了最为光辉灿烂的篇章。

为了解先贤，走近先贤，我们精心组织编写了这套《中华先贤人物故事汇》丛书。以详实可靠的史料为依据，以细腻动人的故事为载体，真实地呈现中华先贤人物的事迹、品格和精神风貌，彰显他们的贡献和功绩，以激发人们对国家民族的热爱，对中华文明、中华优秀传统文化的崇敬。

开卷有益，期待这套丛书成为你的良师益友。

目 录

导　读

　　陆游（1125—1210），字务观，晚年号放翁，南宋著名爱国诗人。

　　陆游出生之时，适逢金兵南侵。靖康之难中，幼年的陆游随家人躲避战乱，颠沛流离。正是这样的经历，对陆游成年后的思想和政治主张产生了直接的影响，也由此形成了他诗文中的重要底色。曾经的亡国之殇让他痛入骨髓，收复中原成了他一生的渴望。而他在仕途中的起起落落，亦与此密切相关。

　　二十岁之前，陆游曾两度赴临安应试，都落榜了。绍兴二十三年（1153），二十九岁的陆游再次赴临安应试，获锁厅试第一名，然而礼部试仍旧落第。直到绍兴二十八年（1158）冬天，陆游得到举荐，首度出仕，任福州宁德县主簿。此后几十年间，陆游宦海沉浮，时而出仕，时而蛰居。直到淳熙十六年（1189）十一月，时任礼部郎中兼实录院检讨官的陆游为言官弹劾，罢官归里，从此长居山阴。

陆游少年时即矢志学诗，十八岁师从江西诗派的代表人物曾几，由此起步，逐渐形成个人风格。他一生中创作极为勤奋，现存世的诗歌多达九千三百余首，内容涵盖历史、现实、风景、人物、战争、亲情、友情、爱情等方方面面。其诗歌创作大致可分为三个时期：中年以前的诗歌偏于"藻绘"，力求工稳；乾道六年（1170），四十六岁的陆游入蜀担任夔州通判，诗风自此向雄迈豪放转变，尤其是乾道八年（1172）后，陆游加入四川宣抚使王炎幕府，奔走于抗金第一线，其诗歌中洋溢的壮烈与激情达到顶峰；晚年归隐故乡山阴，诗风转为质朴淡远，间或流露出壮志未酬的沉郁与苍凉。

嘉定二年（1209）十二月二十九日，陆游于山阴家中辞世，享年八十五岁。他"王师北定中原日，家祭无忘告乃翁"的深沉爱国情怀，至今为后人所铭记。

生逢丧乱

1

建炎四年（1130）正月十三日，眼见得就到了民间最隆重的节日——上元佳节，在越州山阴（在今浙江绍兴）的乡间，气氛与往年有些不同。往年的这个时候，已经有人家在大门两旁悬出了彩灯，但是眼下，虽然也有人家贴出了花花绿绿的门神，但旁边的那一户人家，却是大门紧闭，门上光秃秃的，连一副应景的春联也没有。

一位中年道人一路穿街过巷，到了这座大宅门前。

"当当当！"黄铜的门环被叩得响亮。

大门缓缓打开了一道缝隙。

道人向门里的管家拱手作礼，问道："陆公在家吗？"

道士口中所称的"陆公"，便是这所大宅的主人陆宰。陆氏本来世居吴郡，唐末时，陆宰祖上的这一支系迁入嘉兴，后来又辗转迁居山阴，到如今已成山阴大族。陆宰的父亲陆佃，官至尚书右丞，是当朝有名的学者。陆宰是陆佃的第五子，曾任京西路转运副使，后来见时局动荡，遂绝了仕途之想，从此避居乡野，至今已有六年了。

三年前，陆宰扩建宅第时，曾请这位惟悟道人前来看风水，后来时有往来，彼此也就相熟了。

当下道士被引入书房，陆宰便问："多日未见道长，可是外出云游去了？"

"有劳陆公记挂。贫道回东阳盘桓了一些时候，前日方才回到山阴，赶着来给陆公拜年。"说到这里，惟悟道人突然压低了声音，"倒是昨日观中来了一位道兄，他说——"

"说什么？"

"他说，前几日胡人已攻下了明州。"

"什么! 明州失陷了?"陆宰大惊,手中的茶险些泼溅出来,"皇上可就在明州呀!"

"陆公原来不知。先前皇上是在明州,后来胡人离得近了,皇上就乘船出海去了——现今也不知到了哪里。"

陆宰越发震惊,一时竟说不出话来。

"如今山阴已非久留之地,胡人只怕很快就会打到这里。"惟悟看看陆宰,"陆公这一家老小,可想过到别处避上一避?"

"唉——"陆宰长叹一声,"贱内日前倒是说起过几次,听说有的人家年前就已经投亲靠友去了。只是眼下这情形,四下战火,盗贼蜂起,也不知哪里有个可靠的去处。"

"贫道有个同乡,名叫陈宗誉,字彦声,在东阳县拉起了一支义军队伍,人马极众,他为人仗义正直,在周围的县镇颇有些威望,正是其义可依、其勇可恃之人。这人素来与贫道有些交情,要是陆公信得过,贫道这就去知会他一声,如何?"

陆宰大喜,连声称谢:"听道长这一说,这位陈姓英雄必是豪杰之士,可以托生死的了。"

"陆公放心。这个陈彦声不像别的一些人，那些人打着义军的旗号，干的却是打家劫舍的勾当……"

"爹爹，爹爹！"门外响起一串清脆的童音，话音未落，一个男孩一阵风般跑了进来，见到室中有外人，赶紧站住，一双乌溜溜的眼睛看看陆宰，又在惟悟身上转来转去。

陆宰皱起眉头："三郎，怎么这样没规矩，没见有客人吗？"

惟悟道人冲陆宰摆摆手，把男童拉到身边，摸摸他的头，又上上下下打量了一番："莫怕莫怕，我上次来时还抱过你呢——这一年未见，都长得这么高了！"一面说着，一面向怀中掏出一个小小的纸包，递给陆宰，"看我这记性！今天来时特意给三郎带了这个长命符，方才只顾着说话，倒把这事忘记了。"

陆宰接过来，道了谢。

"三郎，过了这个年，就是五岁了吧？"

"六岁！"男童纠正他。

"会背《百家姓》了么？"

一个男孩跑了进来，一双乌溜溜的眼睛在惟悟身上转来转去。

"赵钱孙李,周吴郑王。我不喜欢。"

惟悟讶然,扭头看看陆宰。但是做父亲的只是笑一笑,似乎并不以为意。

"那你喜欢什么?"

"背诗啊!"

"那且背一首来听听。"

"你要听哪一首呢?"

惟悟又看看陆宰,陆宰正捻须微笑。

"那就背你新学会的吧。"

"独怜幽草涧边生,上有黄鹂深树鸣。春潮带雨晚来急,野渡无人舟自横。"

"好啦好啦,道长休要理他。"陆宰站起身来,"都说来得早不如来得巧,今天厨下新做了圆子,咱们且吃饭去。"

2

十天后,陆宰带着全家人匆匆离开山阴,前往东阳,投奔陈宗誉。

因为担心陆家在途中遭遇盗匪劫掠,陈宗誉

特意带了一队人马，一直迎出一百来里地。陆宰见陈宗誉率领的这些兵士，均是农人装束，并无统一的军服，但是队列齐整，行进间全无喧哗，悬着的一颗心才算落了地。

到了东阳，陈宗誉早已为陆家收拾好了住处，虽是农舍，但打理得十分整洁，家常所用的一应器具，也都准备停当，一家人便在东阳住了下来。

换了个新环境，最高兴的就是三郎了。他在新家的院子里跑来跑去，摸摸墙角的石碌，拍拍院子中间的磨盘，看什么都觉得新奇。

来向陈宗誉寻求庇护的不只是陆氏一家，还有龚内阁和一位姓晏的尚书，都是儿女众多的大家庭。龚家住在陆家的隔壁，再过去便是晏家的住处。这两位官员，陆宰原本并不熟识，如今在兵荒马乱中成了邻居，不免生出些惺惺相惜之意。大人们有来有往，三个家庭的孩子们便也玩到了一起。龚家的一个男孩，比三郎大一岁，在家里也是老三。

两个男孩相识之后，马上发现了彼此称呼上的不便，一个陆三郎，一个龚三郎，叫起来拗嘴又别扭,他们决定称呼各自的姓名——陆家三郎名叫陆游,龚家三郎名叫龚慎。

"我爹爹说,我的名字是从《诗经》里取的,'慎尔出话,敬尔威仪'。"龚慎面露得意之色,"你的呢?"

"我的名字也是爹爹给取的。他说是《列子》中说,'务外游不知务内观'。他讲了半天,什么向内向外的,我也不大懂是什么意思。"陆游老老实实地说。

住处附近有一座安福寺,一条清浅的山溪叮叮咚咚地从寺前流过,溪中遍布大大小小的鹅卵石,溪上用大块的青石搭了一座小桥。

这条缀满野花的山溪很快成了两个男孩最爱的游乐场,他们用沙石垒起堤坝,在里面捉小鱼小虾,用一只陶土坛子盛着。

有时候,两个男孩也随父兄和母亲去安福寺上香,很快就和寺中的僧人混熟了,于是常常相约去玩。

他们在幽暗的大殿里游荡,那种掺杂着新奇和恐惧的神秘感觉,让他们迷恋不已。寺中的狸花猫生了一窝小猫，陆游向僧人讨了一只，抱回家里去养。

3

不可避免地，两个男孩会讨论起"靖康之难"——这是他们从父兄那里听来的词。这个词在父兄们口中出现的频率如此之高，让他们觉得仿佛近在咫尺。但这个词里面的故事，他们又有些懵懵懂懂。

"听我爹爹说，胡人那时候攻破了东京城，把两个老皇帝还有皇子皇孙都掳走了。"陆游嘴里咝咝地吸着气，"我不明白，他们为什么不和胡人拼命呀？"

"拼了命也打不过呗！胡人还把东京城里的金银财宝都抢走了。"虽然只比陆游大一岁，龚慎好像总是知道得更多。

"怎么打不过？东京很大很大，城里的人很多很多。"陆游不服气。

"那些都是老百姓，不能上阵打仗。再说了，很多人家在胡人攻城之前就逃走了。"

陆游沉默了。他猛然记起母亲说过，他们这一家人，是在金兵攻到东京之前离开那里的。如果迟上两个月，只怕要被困在城里，钱财会被抢光不说，连性命都难保住。

那些模糊遥远的记忆和家人们断断续续的讲述就这样突然间清晰起来，弥合成一个完整的故事——金兵南下；他们一家人匆匆离开东京，辗转返乡；就在他们离开两个月后，"靖康之难"发生了。

陆游又记起了那些寒冷的天气，他被母亲抱在怀里，坐在颠簸的驴车上。母亲的眉头紧紧皱起，茫然地望向远方。二哥坐在母亲的身边，一路也默声不响。在母亲脸的上方，是灰蓝的天空。有时路边会出现一些陌生的人，他们脸上和衣服上蒙着一层薄薄的灰尘，神色又疲惫又紧张。他闻到自己和母亲的身上，也散发出一股灰尘的气味，他闻着这气味，昏昏沉沉地睡了过去。

接着他听到了一种声音，嗒嗒嗒嗒，好像许许多多的驴蹄踏着大地，但是并没有杂入驴车的吱扭之声。然后是窸窸窣窣的声响，他闻到了草茎被踩折后溅起的衰朽气息，这气息越来越浓，奶妈已经抱着他伏到了草丛里。他忍不住打了一个喷嚏，把奶妈吓得一个激灵，赶紧伸手捂住了他的嘴巴。他的鼻子痒痒的，几乎喘不过气来。他开始拼命扭动，想要挣脱奶妈的手，但是他感觉到，奶妈的身体正在簌簌抖动……嗒嗒嗒嗒，那奇怪的声音近了，又远了。奶妈松开了捂在他嘴上的手，把自己的脸贴在他的脸上，呜呜咽咽地哭了起来。

后来，他会说话了。他告诉奶妈，那一次，她差点儿把他捂死了。

奶妈吃惊地睁大了眼睛："怎么会？那时候你才两岁，还没满十四个月呢！十三四个月的小孩子哪会记得事？一定是因为我和你娘跟你说过这些，你才以为是自己记得的。"

再后来，他又告诉奶妈，前一天的晚上，在睡着了之后，他又看见了那些事情。

"那是梦啊！"奶妈开心地笑了，"咱们三郎会做梦了呢！"

那就是梦吗？他疑惑了。

可是，这梦境是如此真切，他记得家人们惊恐的眼神、急遽的心跳、极力压低的嗓音，他记得那些颠簸、寒冷、黑暗、饥渴，记得那前路去路皆茫茫不见的惘然和失措。

直到有一天，他在一首诗里，学到了一个词：山河破碎。仿佛一道电光划过，他忽然明白，那些始终分不清是梦境还是现实的一切，就在这个词里面了。

少年与诗

1

宋人的习俗是单岁入学，因此在九岁上，陆游开始进入私塾读书。他的老师名叫毛德昭，熟读经史，苦学不倦，对陆游影响至深。

陆家世代书香，藏书极丰。连一向谦逊内敛的陆宰，也不无自豪地说，自家藏书之丰富，在江浙一带可以说是数一数二的。

对陆游来说，自从识字开始，每日读书，就像每天都要吃饭和睡觉一样自然而然。

到了十三四岁，陆游对诗歌生出了浓厚兴趣。有一天放学回到家里，见藤床上摊着一本书。他拿起来一看，原来是本陶渊明的诗集，大约是父亲看书的时候临时有事离开，随手放在了这里。

打开的这一页上，是一首五言古诗："迢迢百尺楼，分明望四荒。暮作归云宅，朝为飞鸟堂。山河满目中，平原独茫茫。古时功名士，慷慨争此场。"看到这里，陆游一下子想起了家里的千岩亭——尤其是这句"暮作归云宅，朝为飞鸟堂"，仿佛在他的眼前陡然推开了一扇窗子。

他看见暮云飞卷，栖落在高挑的翘角之上，看见百鸟掠过飞檐，对着朝阳啁啾鸣唱……天地之间，似乎有一桩巨大的奥秘正要对他开启。

丫鬟进来喊陆游吃饭的时候，已是暮色四沉时分。

丫鬟轻轻唤一声："三少爷……"

陆游浑然未觉，嘴里正嘟嘟囔囔在读一首诗："荒草何茫茫，白杨亦萧萧。严霜九月中，送我出远郊。四面无人居……"读到这里，他停住了，皱起眉头。

"三少爷，吃饭啦。"

"啊，知道了。就去就去。"他嘴上说着，眼睛却只是盯着书。

丫鬟无奈地摇摇头，替他点亮灯烛。

得知儿子读陶渊明的诗入了迷，陆宰十分高兴，他问陆游，除了陶渊明，还喜欢哪些诗人。

陆游说，他还喜欢王维的诗。

"为什么呢？"

"先生说，王摩诘诗空灵雅秀，禅意高远，堪为后世之师。"陆游张口便答。

"那你自己怎么看？"

"我？"陆游想了想，"我喜欢王摩诘诗中有画，读诗像观景，比如这句'漠漠水田飞白鹭，阴阴夏木啭黄鹂'，看得见白鹭飞，也听得见黄鹂叫。"

"说得好！"陆宰连连点头。

得到父亲的赞许，陆游不禁喜形于色。

"还喜欢谁的诗呢？"陆宰鼓励他说下去。

"还有岑嘉州的边塞诗。'将军角弓不得控，都护铁衣冷难着。'读来真是慷慨激昂，觉得男儿生来便该如此。"

陆宰颇感意外，他凝神看了看儿子的脸，若

有所思。

2

绍兴十二年（1142）秋天，山阴陆氏的家中，来了一位陌生的老者。

陆宰将老者迎入厅堂落座。过了大半个时辰，仆人过来，说老爷请三少爷过去见客。

听父亲介绍说，眼前这个面容清瘦的老人竟然是曾几，陆游惊得几乎呆住了。

平日里，陆游听父亲讲过不少前辈名士的逸闻。他记得父亲说过，曾几于春秋学方面成就卓然，当世学者能出其右者不多。再加上曾几和他的三个兄长曾弼、曾懋、曾开，都是坚定的抗战派，这也助长了他的声誉。后来曾开与秦桧在朝堂争执起来，结果连累曾几也被罢了官。

陆游记得，父亲当时说到这里，忽而叹了口气，犹豫了一下，才接着说道："都说龙生九子，各有不同。这曾家兄弟当中，也有一个异类。"

原来，曾几还有一位兄长，名叫曾班。建炎三年（1129），曾班奉命镇守泰州，金军攻到城下，曾班出城迎降。金兵离开后，又有溃兵来骚扰泰州，曾班成了惊弓之鸟，竟然弃城逃命。后来朝廷追究战事责任，曾班被免官贬谪。长兄曾懋上书请求纳官以抵消兄弟之罪，皇上不肯允准。如此一来，曾班其人其事，就成了整个曾氏家族的隐疾，讳莫如深。

当时陆游十五六岁，听了这一番话，忍不住大声说："大丈夫要么克敌制胜，要么战死沙场，怎么能这样贪生怕死？这个当哥哥的也够糊涂的，换了是我，恨不能一刀把这个不成器的兄弟杀了，怎么还要替他抵罪？"

陆宰瞪了儿子一眼："休要胡说！孝悌乃为人之本，手足之情焉能不顾？"见父亲生气，陆游不敢再作声。

后来陆游才知道，曾几这次之所以来到山阴，正是因为前来绍兴看望兄长曾班，顺路来陆家拜访。

陆游恭恭敬敬地向曾几唱了个喏，又向父亲看了一眼，脸上喜不自胜，只是不敢贸然开口。

陆宰明白儿子的心意，转向曾几说："不瞒曾兄说，我的这个犬子，原是有些傻气的。几年前他开始学习作诗，成天价在那里嘟嘟囔囔，也没人知道他在念些什么。有一天吃晚饭，他母亲见他夹了一块鱼肉，看也不看就往嘴里送，赶紧提醒他："当心鱼有刺！"不料他接口说："这个刺字固然也可，只是韵有些偏。"那之后，每次亲戚们一起吃饭，他的那些顽皮兄弟都要故意夹根鱼刺，说："这个刺也可，只是有些偏。"成了族中的笑谈。"

曾几听了，不由得哈哈大笑。

陆游不好意思地挠了挠头，见曾几正含笑看他，鼓起勇气说：

"您的诗文，我都读过。我最喜欢那两句：'盘碧栖寒结露居，虚封水户食芙蕖。锦云长日来无定，萝月通宵色有余。'"

见眼前的年轻人张口就背出了自己早年的得意之作，曾几颇感意外。

陆宰趁机说："曾兄难得一至，眼下又无急事要办，不如便在寒舍盘桓数日，看看山野景色，如何？"

曾几痛痛快快地答应了。

陆游挠了挠头，鼓起勇气说："您的诗文，我都读过。"

3

陆游早年听父亲说过，江西诗派除了自认的一祖（杜甫）三宗（黄庭坚、陈师道、陈与义）之外，成就最高者当数吕本中与曾几。

但是在少年陆游的眼里，"诗派"这种东西是虚幻的。"陶渊明是什么诗派呢？李白又是什么诗派呢？"听着父亲讲这些诗派掌故，他在心里暗暗嘀咕。

可是读了曾几的诗和文章，他服气了。他想，这个人名满天下，是因为他的诗写得真的好啊。如果自己用心写上十几二十年，会不会也像曾几一样天下闻名？那时候，他随便走到哪里，人们远远看见他，就会说："看，那人就是陆务观！"熟悉的朋友一见面，张口就会背出他前些时候写的一首诗，啧啧称赞："务观兄，你的诗写得真好啊！你知不知道，那谁谁家里建了花园，把你的诗刻在花园的山石上？"……有许多次，他沉浸在这样的幻想里。

读了陆游的习作，曾几暗自惊叹。这些诗虽然尚显稚嫩，有些词句也雕琢太过，但这毕竟是初学之人难以避免的情状。这个少年人无师自通，小小年纪便写成这样，实属不易。这其中，不仅需要非凡的悟性和天分，更多的是费尽精神的日夜苦吟。他想起刚到陆家时陆宰讲的那个笑话，看来，这年轻人在写诗上所花费的心血，远甚于自己当年。想到这里，他不由得暗道一声"惭愧"。

曾几唤来陆游，对他说："你的诗，竟是颇有些东莱先生的风致呢。唉，如果他在这里，看了你的诗，不知该有多高兴。有他指点，你一定会大有所得。"

陆游知道，东莱先生就是吕本中。他听父亲说过，曾几对东莱先生十分推崇，两个人的关系亦师亦友。如今曾几这一番话，难道是说——

他赶紧接口道："小侄如能得伯父指点一二，已是平生幸事。"

自从把誊录好的诗作呈给曾几，陆游一直惴惴不安，不知会得到怎样的点评。如今见曾几似有赞许之意，不禁喜上眉梢。

曾几点点头，心下不由得叹息一声。眼前的这个少年人如此热情率真，没有心计，这个性情作派，真的像极了当年的王安石啊！

他沉吟了一下，才说道："我给你讲一个典故。王荆公有一句诗，说的是'细数落花因坐久，缓寻芳草得归迟'，你可读过吗？"

陆游惭愧地涨红了脸："小侄读书太少，孤陋寡闻。"

"徐俯曾经拟其意，也写了一句：'细落李花那可数，偶寻芳草步因迟。'你看他们两个谁的意境更好些？"

陆游把这两句诗分别喃喃念诵了两遍，一脸茫然。在他看来，这两句诗只是几个字之差，意思上也差不了多少。

曾几摇摇头，说："徐俯的诗，是专师陶渊明的。陶渊明诗的特点，乃是适然寓意而不留于物，比如'悠然见南山'这一句，苏东坡就曾说过，决不可以将'见'字改为'望'字，因为虽然表面上这两个字的意思差不多，但'望'是有心，'见'却是天意。"

说到这里，曾几停下来，观察着陆游的表情，看他能领会多少。

"'望'是有心,'见'是天意……"陆游轻轻复述了两遍,一道喜悦的光倏然映亮了他的脸,"啊! 我懂了!"

曾几鼓励他:"你且说说看。"

"徐先生一定是觉得'缓寻'二字过于刻意了,所以改成'偶寻'。'偶'是偶然起意,就像'见'是天意一样。"

曾几满意地点点头。看来这个孩子的悟性比自己想象的还要好一些呢。

"王荆公虽然多化用陶渊明的语句,但两个人的意境却大不相同。王荆公还有两句诗,'柴门虽设要常关''云尚无心能出岫',你想想,这两句中,哪两个字只会出于王荆公笔下,而断不会出现在陶渊明诗中?"

陆游把这两句诗在手心里写了两遍,才说道:"该是'要'字和'能'字吧?"

"对,这个'要'和'能',都非陶渊明的本意。虽说他们都是诗人,但王荆公是政治家,陶渊明是隐逸之士,两个人在诗句的意境上差别就很大。荆公偏重于思考,感悟方面就欠缺一些,所以不容易做到情与境合，理因物出。而诗歌的最高境界乃是融情入景，寓意于物，让景物本身蕴含作者的情意，春风化雨地传达给读者，这样才能达到韵味深长的境地。"

陆游默默点头，他还深陷在那些诗句的意境里。自从习诗以来，他觉得自己仿佛踏入了一座迷宫，如今，眼前萦绕的迷雾似乎正在淡去。

望着眼前的少年，曾几在想，自己的感觉是否出现了偏差——即使从诗歌上看，这个少年确实像王安石一样喜欢直抒胸臆，但这世间心性相似者太多了，彼此的人生轨迹却未必相同。想那王安石一生中大起大落，也是时势造人，未必全应归因于性情。但愿这个孩子终能体会到自己的一番苦心，至少在作诗方面，能避免刻意与直白，如此将来必然大有所成。

而陆游呢，他并没有想到，曾几一再例举王安石的诗有什么深意，他的思绪始终在那些诗句的意境间绕来绕去。晚间躺在床上，他反反复复地回想着曾几的那番话，"情与境合，理因物出"，唉，这些道理实在太深奥了，他还需要慢慢消化。

梦断沈园

1

二十岁这一年,陆游结婚了,新娘名叫唐琬。

唐琬祖籍山阴,祖父唐翊官至鸿胪少卿,父亲唐闳曾任郑州通判。这样的家世,虽然不及陆游母亲的娘家江陵唐氏那样声名显赫,却也称得上官宦世家、书香门第。唐琬姿容清秀婉丽,为人性情单纯。新婚燕尔,小夫妻两情相悦,琴瑟和鸣,终日形影不离。

眼见儿子与媳妇整天在一起吟风弄月、饮酒赋诗、弹琴对弈,即使坐到书桌前温习课业,看上去也总是一副心不在焉的样子,做母亲的真是又气又急。本指望儿子成了家，在心理上便会成长为真正的男子汉，自然而然生发出对家庭的责任心，从而发奋向学。没想到事与愿违，这个儿子似乎总也不能体谅到自己的一番苦心。

"三郎，明年又是大考之期，你的功课准备得如何了？"这天吃晚饭的时候，陆夫人突然发问。

陆游怔了一怔，伸出去的筷子停在半空。

"还好。"语气轻飘飘的，像是心虚，又似乎不想提及。

儿子的反应虽然早在意料之中，但陆夫人的心，还是仿佛在平地上一脚踏空一般。她克制着，说："那就好。吃饭吧。"

饭后，陆夫人把陆游叫到自己的房间。

"三郎啊，你知道，娘一直对你寄予厚望。你父亲也常说，你们兄弟四个，数你天分最高。"

陆游唯唯。

"明年的大比，你可有把握？"

"这个……"陆游避开母亲探询的目光，望向屋角的香炉。一缕缕烟雾自镂空的炉盖上袅袅而出，断断续续，若有若无。"您知道，墨义一直都不是我的强项，上一次大考就是因为这个……"

"那好，这十个月里，你就专攻墨义，"陆夫人点点头，"那些诗啊词啊的，既然大考不考它们，你就先放一放，等咱们考中了进士，以后有的是时间作诗填词，不是吗？"

陆游点头称是。

陆夫人摆摆手，陆游如遇大赦，但他刚走到门边，陆夫人又叫住了他。

"还有，按理这话该你父亲同你说——你们年少夫妻，天天厮守在一起，我原也不好说什么，但总归正事要紧。明天我让人把书房收拾一下，你就睡在书房里，安心温课。"

陆游大感意外，一时瞠目结舌。

2

这一天，陆游的表兄唐虞、表弟唐元来到陆家府上，见过姑父姑母，叙了寒温，问及陆游，陆夫人说："三郎在他书房里温书呢，准备明年的大考。你们兄弟间自小投契，一会儿一起说话，记得多勉励勉励他。"

两兄弟便到书房去寻陆游。陆夫人唤来厨娘，细细吩咐了几句。忽又想起一事，要问问两个侄儿。那兄弟三人正在谈笑，见陆夫人进来，忙不迭起身，脸上的笑容却一时来不及敛尽。陆夫人见两个侄儿笑得有些不同寻常，二人指间还捏着几页纸笺，要过来一看，只见上面是一首题为《菊枕》的诗，写得甚是旖旎，显见是陆游的手笔。

陆夫人心下恼怒，只是当着两个侄儿的面，不便发作。她向陆游看了一眼，陆游一见母亲的神色，心知不好，赶紧赔笑解释："母亲，这些诗，原是去年胡乱写的，长孺表弟说他也要学诗，非要我拿来给他看看……"

表字长孺的唐元在一旁连连点头。

陆夫人"唔"了一声，也不将那几页诗笺递还给唐元，便转身离开了，留下两个侄儿在那里面面相觑。

见妻子一脸愠色，陆宰不明所以，却也懒得理会。但陆夫人把那几张诗笺放在他手边的桌子上，又用手指敲了敲，气呼呼在另一把椅子上坐下。

陆宰拿起诗笺看看，不禁莞尔："三郎的诗越发灵动了嘛！"见妻子正责备地用眼睛剜他，陆宰收了笑容，劝道："你也别太过苛责他。他天天温习那些课业，也是乏味得紧，正好作诗放松调剂一下，也未尝不可。"

陆夫人听了越发生气："我说请你日常多督促他些，你只是不以为意。你看看他，不务正业也就罢了，写的这是些什么东西？我先前叫他收收心，专心温课，他只当是耳旁风。你想想，他一个男人家，眼里何曾有过拈针引线这些事，又怎么会想到要自己做什么菊花枕？分明是媳妇不懂事，整天勾带着他玩东玩西。你等着吧，回头那些亲戚们不知在背后怎么笑话咱们呢！"

陆宰摇摇头，说："哪至于如此？无非就是做个枕头，赋个诗，倒好像是三郎杀人越货、拦路抢劫——咱们自己的儿子自己知道，哪里就有那么差了？"

陆夫人的气消了一些，她心下暗自盘算着，看来，必须和唐琬讲一讲这些道理了。

3

街上卖花的杨四娘送来半篮子含苞待放的荷花，陆夫人知道儿子喜欢，吩咐丫鬟插几枝在陆游的书房里。

荷花淡淡的幽香撩人心魂，陆游的一颗心荡荡悠悠地飞了出去。放在往日，早就有友人约请他去饮酒赏荷了。然而今年不同往常，陆夫人看得很紧，朋友们也都明里暗里得到了告诫，竟无一人前来相约。

然而这一天，机会来了——陆夫人要去寺庙里烧香祈福，第二天才能回来。

陆夫人前脚离家，陆游就抛了书本，和唐琬商量出去赏荷。唐琬犹豫不决，陆游好说歹说，唐琬知他数月来闭门温书，憋闷得几乎发疯，也就依了。两个人出了家门，在湖畔租了一只画舫，又命人买来酒菜，吩咐船家将船慢慢地划出去。

两个人坐在舱里，放下舱门的竹帘，一面隔窗赏荷，一面说笑对饮。不知过了多久，月亮升上半空，月光穿过竹帘细密的缝隙，在舱壁和地板上缓慢流逸。荷香馥郁,夜风自湖心浩荡而来,吹得天地间一片清凉。

他们有些醉了,不知不觉中睡了过去。

4

虽然两个人趁着家人们还未醒来就悄悄地溜回了家,但这件事情还是被陆夫人知道了。

见母亲面色铁青,陆游知道要有一场狂风暴雨了。他垂首立于一旁,不知会受到怎样的责难。但他的心里,倒不觉得多么害怕——虽说母亲对他要求甚严,但他知道,她一直都是宠爱着自己的。

陆游等待着,但母亲一直没有理睬他,只吩咐丫鬟:"叫唐琬来。"

陆游心中一凛。

"母亲……"因为紧张,唐琬的脸色比往日更白了。

陆夫人冷笑了一声。"你还知道叫我母亲?先前我是怎么和你说的?让你好好地做你的针线，不要天天纠缠着三郎，让他用心读书，也好让我们陆家儿孙有个出路——当时你是怎么答应我的？"

"母亲……"唐琬又惊又急，眼泪夺眶而出。

"母亲，这真的不关唐琬的事，您要打要骂，做儿子的都认。您且消消气，别气坏了身体。"

陆夫人狠狠瞪了陆游一眼。

"母亲，媳妇让您失望了，但媳妇真的没有像您说的那样，就算借给媳妇一万个胆子，媳妇也是不敢的，请母亲明察。"

陆夫人斜睨了她一眼，道："你是说我错怪你了是吧？罢罢罢，我这老糊涂也不配做你的婆母，我也不敢有你这样聪明伶俐的媳妇——杏儿！去拿纸笔来给三少爷，再告诉老金去雇辆车，送她回家。"

"母亲！母亲！"陆游扑通跪在母亲面前，"唐琬她就算有不是，也万不当休啊！"

"亏得你读了这许多年的书！不顺父母，没有给陆家生下一男半女，还巧言狡辩，这还不该休吗？"

"儿子知错了！只求您收回成命，其余但有吩咐，儿子无有不从！"

"你……"陆夫人按住心口，"你存心要气死我是不是？"

陆游坚决不肯写下休书，陆夫人三天粒米未进。陆宰左右为难，无计可施，长吁短叹。

弟弟陆浚抹着眼泪，来找陆游："三哥，刚才我和母亲说话，她一句也没应——你说，母亲要有个三长两短怎么办？"

陆游心如刀绞。

母亲的性格，陆游是知道的。想到如今母亲年事已高，这样下去，一旦有闪失，做儿子的实在是万死莫赎。想来想去，也只有一个办法了。陆游同唐琬商量，他先去外面租一处房子，让唐琬权且出去住一阵，等到母亲回心转意，再搬回来。

唐琬早已哭成了泪人："相公，我虽不是什么大家闺秀，却也知道儿女婚姻，不得欺瞒父母。你我怎能顶忤逆之名，遗人笑柄？你不用担心，我这就收拾回娘家去，如果你我有缘，自会再聚。"

陆游泪眼模糊，提笔写下休书，那每一个笔

画都如同一把刀，一下又一下，血淋淋地割在他的心上。

5

转眼五年过去，绍兴二十一年（1151）三月初五，正值民间故老相传的禹王生日。每年的这一天，山阴人几乎倾城出动，扶老携幼，到禹庙游赏祈福。

陆游也夹在众人中间，来到禹庙进香。

在禹庙南边，有一座沈氏花园，这园中亭阁池台，富丽雅致，乃是当地的胜景。陆游在禹庙中上罢香，便顺路来到沈园游玩。

或许真的是冤家路窄，也或许，是老天终于对他的祈望做出了回应——进了沈园，刚走到游廊旁边，陆游一眼就望见了那个熟悉的身影。

短短五年之间，已经发生了太多的事情。此时的陆游，业已是两个男孩的父亲。与唐琬离异之后，他遵从母命，续娶了夫人王氏。三年前，他的长子陆子虡（jù）出生。到了六月，父亲陆宰去世。之后时隔仅仅三个月,叔父陆宰(bǎo)也追随陆宰而去。这些变故,如同狂风暴雨,让人措手不及。

尽管频遭变故,但这五年之中,唐琬的身影始终萦绕在陆游的心头。他在暗中关注着她的消息,知道她又嫁了人,新夫赵士程,乃是宗室子弟。他的心里又是酸楚,又是安慰,一阵懊恼,又一阵嫉妒,七颠八倒地煎熬了好久。

仿佛心有灵犀,唐琬恰巧也在此时转过脸来。四目相交,一时间千言万语,涌上喉间。这时,坐在唐琬身边的赵士程也看见了陆游,忙起身过来打招呼。

陆游知趣地找了个远离赵氏夫妇的位置,坐下来独酌,竟然很快就有了醉意。真的是酒入愁肠人易醉,乍见伊人,他心神激荡,却是连看也不能向她多看一眼。而唐琬浅笑盈盈地为他斟酒的样子犹在眼前……往事历历,更增辛酸。

这时,赵士程过来作别,与妻子相携离去。

唐琬走了,陆游失魂落魄,酒喝得更是没情没绪,不觉大醉。呼小二结账时,回说适才赵相公已代为付过了。

离了游廊，满眼撩人春色。然而伊人踪迹已杳，此番一别，不知今生可有重逢之日？这满腔的离愁别绪，堪堪就要胀破胸腔，却又说与谁人知？

正信步乱走间，迎面撞见一堵粉墙，陆游再不迟疑，要来笔墨，借着酒意，就在那粉墙上笔走龙蛇，题了一阕《钗头凤》：

> 红酥手，黄縢酒，满城春色宫墙柳。东风恶，欢情薄，一怀愁绪，几年离索。错！错！错！
>
> 春如旧，人空瘦，泪痕红浥鲛绡透。桃花落，闲池阁，山盟虽在，锦书难托。莫！莫！莫！

锦书难托，也唯有托付给这面无知无觉的墙壁了。

事实是，他们此后再也不曾相见。因为沈园之会后，未出数年，唐琬即悒郁而死，香消玉殒。

陆游借着酒意，就在那粉墙上题了一阕《钗头凤》。

6

四十年后，也就是绍熙三年（1192），六十八岁的陆游重访沈园，此时的沈园已经易主。四十年的风雨剥蚀，当年题诗的墨迹已不复存在，陆游走到那面粉墙跟前，但见壁前多了一面大石，定睛一看，石上所刻的，可不正是自己当年所题的句子？

他用手指轻轻抚摸着石上的笔画，这词中的三个"错"和三个"莫"，被世人猜来猜去，但他相信，只要她曾经读过，就一定读得懂其间的隐语——李太白《寄远十二首》中有云："恩情婉娈忽为别，使人莫错乱愁心。""莫错"本有黯然魂销之意，他故意将之拆开，分列于上下阕的结尾，正如同当年他与她被硬生生地拆散……这苦情酿就的巧思，正是在他们重逢的电光石火之间，陡然从他的脑海中迸发出来。

秋风萧瑟，叶落霜寒，那早早飘落的黄叶已然失了水分，被游人踏成碎片。坐在当年饮酒的游廊中，陆游仿佛看见她坐在当年坐过的那个位置上，微笑着向他转过脸来。

心头五味杂陈，陆游提笔写道：

枫叶初丹槲叶黄，河阳愁鬓怯新霜。
林亭感旧空回首，泉路凭谁说断肠。
坏壁醉题尘漠漠，断云幽梦事茫茫。
年来妄念消除尽，回向蒲龛一炷香。

写完这首诗，陆游觉得心里轻松了一些。年来
妄念消除尽——只有他自己知道，直到此时，他才
终于真正接受了她已不在人间的事实。

庆元五年（1199），七十五岁的陆游再游沈
园。时值黄昏，沈园掩映在斜阳草树之间，变得有
些陌生。唐琬已故世四十多年了，她翩若惊鸿的倩
影犹在眼前，桥下的春水却只余空寂与伤感。沈园
的柳树也老了，一如他这衰朽之身。

暮色苍茫中，陆游写下《沈园》二首：

城上斜阳画角哀，沈园非复旧池台。
伤心桥下春波绿，曾是惊鸿照影来。

梦断香消四十年，沈园柳老不吹绵。

此身行作稽山土，犹吊遗踪一泫然。

赶考记

1

绍兴二十三年（1153），二十九岁的陆游来到临安（今浙江杭州），参加两浙转运司锁厅试。

这个锁厅试，是只限现任官员以及恩荫子弟中应进士科的士子参加的，录取之后，便可以参加第二年春天的进士考试。

到临安后，陆游借住于灵芝寺中。十几年前，他第一次到临安应试时，便借宿在这里。此番故地重游，别有一番感慨。

这一天，他在寮（liáo）房里温书温得头昏脑涨，索性放下书，到街上随意乱走。临安城中市井极是繁华，陆游边走边瞧，不觉已到了正午，肚子也饿了，便拐进路旁的一家小酒馆，择了个临街的座位，要了一壶酒、两道小菜，自斟自饮起来。

刚吃上没一会儿，进来了两个官人模样的人，到陆游身后那张靠窗的桌前坐下了。两个人点完菜，其中一人似乎已经忍了很久，酒保刚一转身离开，便急急开口问道："杨兄，刚才你说到秦丞相的孙子秦埙（xūn）也来应这个锁厅试，此事当真？"

只听那个被唤作杨兄的瓮声瓮气地答道："那还有假？自然是真的。"

陆游原本无意偷听旁人谈话，然而"秦丞相""锁厅试"这几个字径直钻进他的耳朵，他不由得心里一惊。

先前发问的那人"啧"了一声，也不知是赞叹还是惊诧，说："这个秦埙，听说眼下已由门荫做了右文殿修撰，如今他祖父权倾天下，光是皇上的赏赐，几辈子也花用不完，真正是享不尽的荣华富贵，怎么也来凑这个热闹？"

"其实这也是意料中的事。你想想，那秦丞相是何等人物，当然是想要自家孙子将来也位极人臣，如果只靠门荫，要想升上高位，那是千难万难。就算勉强做到了，也堵不住天下人的嘴——所以还是要走进士及第这条路。"

"不知那秦埙才学如何？"

"这个嘛，哈哈哈，我哪里晓得。不过听说这次秦丞相是志在必得，要让孙子在锁厅试中拔得头筹。"

这时酒保端了酒菜过来，那两个人便收了话头，喝酒吃菜。

陆游听得心里翻江倒海。秦桧其人，他自小只是在父辈们的谈说中听到过，感觉上十分遥远，没想到自己来参加这个锁厅试，竟然与秦桧的孙子成了竞争对手。

后面桌上的那位杨兄忽然叹了口气，说道："只是这事啊，怕是没那么容易。"

"此话怎讲？"

"看来你有所不知。这次锁厅试的主考官，乃是陈之茂。你可听说过这人么？"

"倒是有所耳闻。听说二十年前，这人原本已考中进士，但到了最后的廷试对策时，却因为言语触怒当时的丞相，竟遭黜落。后来还是主考官张九成上疏为他求情，说陈之茂能言人之所不敢言，这样的人才，应该奖励而不该黜落。高宗皇帝读了奏章，动了惜才之心，陈之茂才得了个同进士出身。杨兄说的可是这个人？"

那位杨兄道："正是此人。你想想，如果换作别人，得了这么个机会，还不赶紧顺竿爬上去？偏偏陈之茂这人素来耿直，多少年来一贯如此。如今成了这次锁厅试的主考官。所以结果如何，还真难预料。"

说的人只管说得热闹，却不知旁边听的人，已经在心里暗暗较上了劲。

2

回到灵芝寺中，陆游很想找个人聊聊，小酒馆中无意间听来的事情，让他的心里如同塞了一团乱麻。他不禁想到，既然秦桧可以对其孙拔得锁厅试头筹志在必得，那么也会有其他权臣的子弟，于此间奔走斡旋。而像他这样无所依傍的书生，是否还有进身之阶?

他在寺中转了一圈,也没有遇到一个可以聊天的对象。意兴阑珊地回到房中,拿起书看了半晌,却又似乎一个字也未落入眼中。他和衣躺到榻上,准备闭目养神,这时寺钟锵然敲响,僧人晚课的时间到了。

钟声清越,既近且远,仿佛穿过许多年的光阴,径直抵达他的耳边。他猛然想起,十三年前,他正是循着这钟声走出寮房,看见了那几只美丽的灯笼。

那一年是绍兴十年(1140),陆游到临安来参加吏部出官考试。

那一次,他不是一个人来的。同行的还有堂兄陆静之和陆升之。到了临安后,又结识了叶黯、范端臣、陈公实和韩梓,他们一同借宿在灵芝寺中。

刚住进来的那天夜里,大家正坐在寮房里喝茶聊天,寺钟响了,陆游好奇心起,很想出去瞧瞧,但两位堂兄和朋友们正聊得兴起,于是他一个人悄悄地溜了出去。只见僧人们鱼贯而来,齐集在僧堂中,开始做晚课。他侧耳听了一会儿经文,又偷眼瞧小和尚敲木鱼，很快就失去了兴致。就在他转身准备离开的当儿，偶一抬眼，却突然发现，僧堂中悬挂的那几只灯笼异常精致漂亮，也不知是哪户富有人家赠送的清供。他围着灯笼转了几圈，见那几只灯笼表层糊的纸张与众不同，再细看，原来那纸不是通常糊灯笼用的白纸，而是用的一种极薄的蜡纸。烛光自蜡纸中透出来，看上去莹白如玉，竟如同云母石发出的清光一般。正是这莹润的灯光，使得这几只灯笼越发玲珑可喜。

这个意外的发现，让他欢喜得几乎叫出声来。

"回家后一定要找蜡纸做上这样几只灯笼，在这样的灯下读书，该是有一番别样的心境吧！"他这样想着。

那一年他当然没有考中，心里也未觉得怎样。但是不知何故，回到山阴后，他并没有真的动手去仿制这几只灯笼。事实上，如果不是今晚听到这钟声，他几乎把这件事情忘得一干二净了。

那一年，他才十六岁。除了迷恋作诗，满脑子想的就是冶游玩乐，要不就是这些灯笼用的什么纸之类的琐事，至于人生中第一场决定命运的考试，竟是全未放在心上。

后来，绍兴十三年（1143），他先是在绍兴府参加了省试，得以中选，但第二年礼部试时，他再度名落孙山。

再后来，他就遇到了唐琬。她离开之后，他失魂落魄，完全无心应考。再再后来，父亲去世了，他依例要守丧三年。所以直到如今，他仍然只是一个登仕郎——这是他十二三岁上，朝廷以门荫赐给他的一个象征性的官职。

年近而立，近几年，他越来越感受到来自"功名"二字的压力——他的时间，已经不多了。

3

或许因为心里暗暗憋着一口气，考试期间，陆游发挥得相当好。等到锁厅式成绩公布，他的名字，赫然列在第一。

而秦埙呢，排在他的后面，第二名。

他心里的得意，简直要从头顶直溢出来。

他感激陈之茂，也在暗暗担心——得罪了秦

桧，陈之茂会不会遭到报复？

会试的日子很快就到了。整整三天，陆游待在自己的考试单间里，这个俗称为"号"的单间，长五尺，宽四尺，高八尺，简直就是个小小的单人牢房，而且和牢房一样，房门是上了锁的。三天里，除了吃饭和睡觉，他都在思索和答卷——帖经、墨义、时务策……本来还该有诗和赋，但自从王安石上书神宗皇帝要求会试改革，考题中就不再包括诗和赋了。而他宁愿还有这两项，因为比起帖经和墨义这些内容，诗赋可谓他的长项。

直到交了卷，步出考场，陆游才感到周身酸痛。回到灵芝寺中，他倒头就睡，醒来时已是傍晚。三天来的考场经历仿佛南柯一梦，他努力回想自己在试卷上答了些什么，却只有些片断的印象。

陆游并不知道，围绕着这一场会试，一些超出他想象之外的事正在发生。

会考之前，秦桧上奏高宗，建议以御史中丞魏师逊、权礼部侍郎兼直学士院汤思退、右正言郑仲熊同知贡举，吏部郎中、权太常少卿沈虚中，监察御史董德元、张士襄等为参详官——不用说，这些人都是秦桧的亲信。

与以往的每一场会试一样，为了防止有人在考试中作弊，这次会试实行封弥誊录。但是这难不倒主考官们。阅卷的时候，董德元从誊录所拿到了秦埙的试卷编号，于是一干人抓紧时间开了个碰头会，取得了统一意见，将秦埙定为第一。整个阅卷场所是封闭的，大门上落了锁，有禁军把守。于是，沈虚中派手下的小吏翻墙出去，把这个消息密告给秦桧之子、秦埙之父秦熺。

按照当时的规定，有官之人不可以录取为状元，而秦埙恰是有官职之人。怎么办呢？沈虚中赶紧上奏高宗皇帝，请求允许将有官之人取为第一，为秦埙当状元郎做好铺垫。

等到廷试的时候，秦桧又举荐张士襄为初考官，郑仲熊为覆考，汤思退为编排，魏师逊为详定。

这一张密谋之网细织密补，上下包抄，里应外合，务求万无一失。

魏师逊等人敲定的榜单是：一甲第一名秦埙，第二名张孝祥，第三名曹冠。这个名单和试卷送到宫中，高宗皇帝一看，秦埙的文章写得倒是头头是道,但是说来说去,明明都是他祖父和他父亲常说的那些话嘛,毫无新意。而列在第二名的张孝祥,议论雅正,文辞俊秀,而且字写得也极是漂亮,刚看完卷首,高宗已为之心折。于是高宗将前三名稍微调了一下顺序,钦定张孝祥为状元,曹冠为榜眼,秦埙列为第三名,做了探花郎。排在第四名的是秦桧的亲党周汇唱,第五名是此次主考官郑仲熊的侄子,还有秦桧的两个侄子,以及郑仲熊的侄孙和董德元的儿子……全都榜上有名。

两榜放出,天下一片哗然。

4

放榜这天,天还未亮,陆游就醒了。等待的时间实在难熬,他一忽儿想象着金榜题名的春风得意,一忽儿又忧惧一旦落榜,无颜回乡面对老母与妻儿。

好不容易挨到了张榜的时辰,一俟甲榜贴出,早已等候多时的应考士子们即蜂拥而上,陆游被人群裹挟着,觉得自己的鞋底尚未沾地,已经被人流带到了甲榜前。但是在甲榜录取的一百多位进士中，他没有找到自己的名字。乙榜上录取的，共计二百多人，他的心怦怦直跳，视线中的那些人名也仿佛正不断扭动、变形。他深吸了一口气，定了定神，索性从末尾处开始，一个一个往前看过去，一颗心也一寸一寸地下沉。

他不记得自己是怎样回到灵芝寺的。"当——当——当——"，晚课的钟声突然响起，他蓦地一惊，茫然四顾，这才意识到自己竟不知不觉中在寮房中枯坐了数个时辰。钟声苍迈而渺远，仿佛是从另一个世界幽幽传来。寮房里一片漆黑，他也无心掌灯，干脆信步走出门去。夜空中不见星月，空气中隐隐浮漾着雨的气息。

看榜时身边士子们那些刻意压低嗓音的窃窃私语，此时突然变得响亮清晰起来——这些议论，在此之前，他也隐约听到过一些，但是他并不相信。或者是，他的内心拒绝相信这样的传言——如果真如传言中所说，连朝廷举行的堂堂会试，都可以变成权贵们博弈的筹码，像他这样的书生，又能去哪里寻求出路呢？

一时间，他心绪纷杂，万千念头纠缠于脑海。

想当年杜甫入仕无门，困居长安，整整十载，四面奔走，尝尽人间冷眼。那会不会是他陆游的未来？

不，他明天就要回到山阴去。

后半夜，在半睡半醒之间，他听到窗外淅淅沥沥，真的下雨了。

翌日清晨，绵绵春雨里，陆游离开了临安。

初入仕途

1

绍兴二十八年（1158）五月，金主完颜亮召集大臣共议，打算迁都汴京，为南侵做准备。

消息很快传到临安，整个南宋朝廷都为之紧张起来。

战火将燃，风雨欲来。

就在这一年，陆游的老师曾几，由秘书少监迁任礼部侍郎。

此时，陆游已经在山阴乡间蛰居了四年。自从在礼部试中大受打击，他就断了应试及第的念想。但是金国准备南侵的消息传来了，连年迈的老师也已经复出为国家效力，自己正当壮年，又怎能避居乡下终此一生？

经过一番思量，他决定写一封自荐信，为自己寻找一个晋身的机会。信写给谁呢？朝中的大臣里，哪一位最有可能欣赏他的诗文，出面举荐他入仕？他想了又想，踌躇难决。最终，他决定把信寄给辛次膺。

陆游并不认识辛次膺。但他读过辛次膺的诗和文章，对这位文学前辈心怀敬仰。另外从曾几和亲友们那里，他也听说了辛次膺的一些事情，知道辛次膺是政和二年（1112）进士，为人清正敢言，因为力主抗金，为秦桧所不容，曾赋闲十八年之久，直到绍兴二十七年（1157）方才被重新起用，官任给事中。而如今自己也算在诗坛薄有声名，或许辛次膺读过自己的诗文，也未可知。那么不妨以一个文学晚辈的身份，表达对前辈诗人的敬意，顺势提出就近求教的愿望，这样既不失自尊，对方也比较容易接受。

思谋已定，他铺开信笺，提笔写道：

我自幼就喜好文章之道，然而才疏学浅，远不能达到那些作者的水准……而您通过《尚书》中的《皋陶谟》、周公之诰，《诗经》中的《清庙》《生民》等诗启迪帝王，垂范学者，即便有人与您远隔万里，仍然会以您为师。如今我近在咫尺，却不能得到您的滋养和熏陶，实在是把自己隔绝于贤人君子之外了。即便如此，我也不敢说自己的文章写得好不好，至于我的心迹是邪是正，大概您读过我的文章就会了然于心。

信写完了，他自己从头到尾默读了两遍，不禁为自己的文笔生出小小的得意。或许辛次膺看了，会油然想起当年李白投书韩朝宗之事，"生不用封万户侯，但愿一识韩荆州"，那是何等的佳话。

信投递出去，陆游掐指计算着日期——辛次膺该收到信了，他是怎样想的呢？当然，就算他马上向朝廷举荐，也不会这么快就有回音。但不知为什么，陆游有一种强烈的预感，辛次膺不会对这封信置若罔闻的。

果然，过了几个月，陆游收到了来自临安的诏令，任命他出任福州宁德县主簿。

就这样，三十四岁的陆游，平生第一次得到了正式的出仕机会。

2

这时候正值冬天，但陆游不敢怠慢，收拾了行装，告别亲友，便动身前往宁德赴任。

一路穿越岁暮寒冬中的南疆大地，陆游心头百感交集。最初接到诏令时的喜悦已经慢慢散去，他忍不住扪心自问："陆游啊陆游，你期待了这么多年，想着能有一番作为，难道就只为了做这样一个卑微的小官？"但是很快，他又安慰自己："这官职虽小，终究是一个开始，将来总会有建功立业的那一天！"

到了宁德，见了县令及诸位同僚，安顿了住处，便开始了日常办公。主簿负责掌管账簿文书，相当于今天的县政府秘书长，职位在县令与县丞之下，在负责治安事务的县尉之上。但是若论权力，却又不及县尉。

宁德县的县尉名叫朱孝闻，性情豪爽，与陆游十分投缘，两个人很快成了好友。随后，陆游又认识了当地一位叫高确的诗人，在高确的引荐下，陆续结识了另外几位诗人。每天处理完公务，陆游就与这些朋友在一起饮酒喝茶，谈诗作赋，或者外出游玩，日子过得倒也愉快。

担任福建路提点刑狱的樊光远，是个爱才的人。他很喜欢陆游的诗文，觉得这样的一个大才子，仅仅做个主簿实在有点屈才，有意向朝廷着重推荐一番。樊光远向朝廷写了封举荐信，说陆游"有声于时，不求闻达"，意思是说他已经很有名气，但是并不追求名誉和地位。当时的惯例，举荐信应该由被举荐的人取回，自己投递给朝廷。但是举荐信写好，一连过了几个月，陆游迟迟没有到樊光远的官衙中取这封信。

难道陆游把这件事忘记了？樊光远心下疑惑。一天，樊光远遇见陆游，便问起此事。陆游笑了，说："是因为担心配不上您的举荐之语，所以不敢去取啊。"樊光远低头一想，不禁哑然失笑。既然自己在信中说人家"不求闻达"，又让人家自己取信投寄，确实有些不妥。

于是樊光远叫来属下的书吏，命他赶紧将举荐函投寄出去。

大约樊光远的举荐起到了作用，陆游在宁德主簿任上只待了一年，便调任福州决曹，成为樊光远的直系下属。但只过了几个月，绍兴二十九年（1159）十月，樊光远迁任严州知府。陆游随即也接到调令，到临安担任敕令所删定官。

删定官的职责是起草编纂文件和诏令，职位虽然不高，但处于国家权力与决策的中心。

于是陆游高高兴兴地从福州启程了——他并不知道，一场即将席卷整个国家的超级风暴，正在前方等待着他。

3

绍兴三十年（1160）春夏之交，陆游到达临安。

敕令所的职事颇为轻闲，陆游很快又结识了

一大群朋友，这些朋友中，有闻人滋、周必大、曾季狸和郑樵等，其中与陆游交情最笃的，要数周必大。

周必大身材高挑，脸庞清瘦，站在人群中，如同鹤立鸡群一般。他比陆游小一岁，是绍兴二十一年（1151）进士，还中了博学宏词科。不过，他此时的职务，只是个小小的秘书省正字。

周必大就住在陆游的隔壁，两个人都喜欢喝酒，隔三岔五就要凑在一块，你拿两壶酒，我出几样小菜，推杯换盏地喝起来。两个人都以诗文见长，说说文坛掌故，讲讲同僚趣事，你一言我一语，十分投契。酒到酣处，索性解襟敞怀，帽子也丢到一边去。喝得烂醉也不要紧，扶着墙，晃回自己房里，倒头便睡。

这样安逸的日子过了一年有余。

到了绍兴三十一年（1161）五月，金国派遣的使臣高景山和王全到达临安，名义上是为恭贺"天申节"而来（南宋以高宗的生辰农历五月二十一日为"天申节"），但是这一行人言语傲慢，并向南宋君臣传达了完颜亮的意思，金人以淮水上私渡太多为由，要求改以长江与汉水为界。又说九月份，完颜亮要到泗州一带打猎。

在场的南宋大臣们听了，脸上不禁变了颜色——他们明白这番话的意思，是要求南宋将长江以北的土地割让给金国，否则就要诉诸武力。

眼见大殿上一片静默，两位使臣又抛出了一个更惊人的消息：靖康之变时被金国俘虏北去的钦宗皇帝，已经去世了！

其实钦宗赵桓于五年前的绍兴二十六年（1156）六月便已死去，但南宋君臣至今方才闻知他的死讯。

从极度的震惊中回过神来，南宋朝廷顿时陷入了忙乱之中，一面筹备为钦宗发丧，一面调兵遣将，准备应对即将到来的战争。

4

要来的到底还是来了。到了九月份，完颜亮果然挥师南下，而南宋的军队在老将刘锜的率领下，沿运河北上，准备在淮阴迎战金军。宋金战争全面爆发。

战争伊始，双方各有胜负。但是当刘锜军队渡过淮河与金兵交战之时，刘锜的副将、负责淮西防务的王权，已在庐州（今安徽合肥）溃退。王权的溃退，使刘锜大军陷入金军包围之中，不得不向扬州撤退。淮阴民众见大军溃退，惊慌逃难，很多人死在逃难途中。

而这时候的金国，内部矛盾已非止一日。东京（今辽宁辽阳）留守完颜雍，是女真贵族中颇有威望的人物。十月初七，金将完颜福寿与完颜谋衍在辽阳发动政变，拥立完颜雍为帝，这便是后世所称的金世宗。

完颜雍称帝后，黄河以北的女真部族都渐次归顺。消息传来，完颜亮大怒，马上派一部分兵力回师还攻，要尽诛黄河以北的叛变者。

完颜亮率军转至扬州，决定孤注一掷，命令金兵三天内渡江南下，如有逃亡者，将帅连坐，退者处死。此令一下，激起下属官兵们强烈不满，浙西道都统制完颜元宜率众杀死完颜亮及其亲信，自称左领军副大都督，领兵后退三十里。不久，金国派人到镇江与南宋议和，金军旋即北撤。

5

战争刚爆发的时候，陆游所在的敕令所机构撤销了。新的职位还未确定，陆游在临安一时没有事情做，便回到山阴老家暂住。

关于战事的消息不断传来，静谧的乡间笼罩上惨淡的愁云，乡亲们人心惶惶，富有的人家已经在收拾细软，准备一旦时局不好，便离乡逃难。但逃到哪里才有安全，没人知道。

陆游的心情糟到了极点。邸报总是迟上一拍，坊间的传闻又总是真真假假。这么多年，自己的梦想就是收复中原，然而战争来了，自己却只能躲在乡下，既不能上阵杀敌，又不能出谋划策，哪怕筹备粮草这样的事务，也无缘插手，真是空怀忧患，报国无门。这些年，他读了许多兵书，幻想着有朝一日能有机会排兵布阵，一展身手。他也一直在练习剑术，想着万一与金军短兵相接，便要奋勇杀敌。

一天夜里，陆游梦见自己随大军渡河，淮水

滔滔，打湿了他的战袍。突然，不远处出现了金军的战船，火箭如飞蝗般疾射而来。他拔出剑来，拼命去扫落那些箭镞。然而船帆被射中了，熊熊烈焰腾空而起。"快灭火！"他大喊一声，从梦中惊醒了。

哪里有什么战船和火箭，房间里一片黑暗，只有窗纸透出亮白的雪光。朔风裹挟着雪粒，簌簌地敲打着窗纸。

再也睡不着了。他披衣而起，呵着冻墨，提笔写道："铁马渡河风破肉，云梯攻垒雪平壕。兽奔鸟散何劳逐，直斩单于衅宝刀。"

他听说曾几正客寓在会稽禹迹寺，便动身前去探望恩师。曾几已经七十七岁了，一直在断断续续地生着病。见到陆游，曾几老怀大畅，说起完颜亮刚南下时，高宗皇帝曾想遣使议和。当时曾几正在病中，闻知后挣扎而起，上奏高宗，说求和只会招致更大的祸患。

"当时我在奏章中写，'当尝胆枕戈，专务节俭，整顿军备之外的事，都可以置之不理'，唉，金人狼子野心，求和只能助长其贪婪而已，岂是长策！"

陆游披衣而起，呵着冻墨，提笔写了一首诗。

这件事陆游是知道的。眼见老师风烛残年，病体支离，仍在为国事忧心，他心头不禁一阵酸楚。

"听说金兵统军张中彦先前率西路军五千余骑，从凤翔大散关攻入四川境内三十里，又派游骑攻打黄牛堡。吴璘得讯，带兵出战，将金兵赶回到大散关一带，又派兵至宝鸡、渭河一带，收复了秦州、陇州和洮州。"陆游希望恩师能高兴一些，"看样子，我军的战斗力在金兵之上，如此，胜利有望。"

曾几的脸上果然露出笑意："我也听说了，刘锜将军率兵至清河口时，见有一只小船顺流而下，刘将军派人拦截下小船，只见船上只有几袋粟米，断定这船是金人派来探水势用的。不一会儿，果然见数百艘金军船只，装载着粮草和犒师物资，顺流而下。刘将军命善于潜水的兵士凿舟沉之。金人竟然全未料到此着，完全乱了阵脚。哈哈！"

"到底是老将，身经百战，足智多谋。"陆游赞叹。

"可恨的是那王权，胆小如鼠，不战即溃，真真枉为人子！"说到这里，曾几忽然想起了什么，脸色一沉，压低了声音，"你可知道么，当今圣上一度想解散百官，自己乘船出海避难。"

"啊？！这是什么时候的事？"

曾几告诉陆游，当时王权败退的消息传到临安，全城惊恐，文武官员们纷纷遣送家属，以防不测。高宗皇帝急召御营宿卫使杨存中入宫，打算解散百官，让大家各寻生路，自己乘船出海。高宗的本意是，让杨存中去知会左丞相陈康伯，再由他们二人通知百官。但陈康伯坚决反对，他入宫劝阻高宗说，如今情况还没到那个地步，如果解散百官，高宗自己势必陷入孤立无援的境地，那样情况会更为危险。而杨存中则表示，自己愿意率兵死守拒敌。高宗这才放弃了原先的打算。

陆游听得目瞪口呆。想到大敌当前，朝廷几乎溃散于旦夕之间，他不由自主地打了一个寒战。"后来呢？"

"后来陈康伯便请求圣上下诏亲征。那诏书你可看了么？"

"邸报上有。说是'共雪侵凌之耻，各肩恢复之图'，万万料不到，前面还有这么一出。"想到自己看到那封邸报时的热血沸腾，陆游心情复杂。

　　陆游在会稽住了几天，担心老师每天陪着自己讨论战事和诗文太耗精神，毕竟是年事已高的老人家，难免力倦神疲，便告辞返回山阴。

6

　　因完颜亮被杀，战局意外反转，大的战事已经停止，局势安定下来，南宋朝廷也回到了正轨。这年岁暮，陆游被召回临安，入玉牒所当了一名史官。玉牒所负责记录朝廷的各种政事、号令、官员的任免等一应事务。

　　转眼到了绍兴三十二年（1162）年春天，噩耗传来：刘锜咯血而死。南宋失去了能够撑持江山的一员大将。那么接下来是战，还是和？与二十多年前的情形一样，南宋朝廷又爆发了一场论战。

　　此时的朝廷中，主战派占了上风。左丞相陈康伯就是坚定的主战派，但高宗皇帝已无心再战，何况刘锜死了，朝廷中很难再找出一个有威望也有丰富战争经验的大将来统领军队。他最信赖和倚重的大臣是杨存中，但杨存中正因为是高宗的亲信，多年来不断遭到众臣的弹劾。或许当年秦桧留下的阴影实在过于深重，大臣们唯恐再出现一个高宗宠信的、独揽朝纲的权臣。所以，高宗打算任命杨存中为江淮宣抚使时，立即遭到了朝臣的激烈反对。经过几番博弈，高宗所颁的任命诏令，被宣布作废了。

做皇帝做到这个份上，高宗自己也感到十分失败。

此时皇太子赵昚（shèn）已经三十六岁，于是高宗决定退位，传位于赵昚，这便是后世所称的孝宗。

这时陆游的职务已转为枢密院编修官，他的诗名更盛了，交游也越发广阔。有一天，孝宗皇帝问起，当今的诗人谁的诗写得好，周必大便说，陆游的诗写得好。孝宗听了，来了兴致，让周必大拿些陆游的诗作来看。于是周必大赶紧知会陆游，让他把手头的诗词整理一二十首出来。

诗稿送到孝宗皇帝手上，孝宗刚看了最上面的一首词，便不由得击案叫绝。

那是一首《卜算子·咏梅》：

驿外断桥边，寂寞开无主。已是黄昏独自愁，更着风和雨。

无意苦争春，一任群芳妒。零落成泥碾作尘，只有香如故。

权知枢密院事史浩和同知枢密院事黄祖舜也一同举荐陆游，说他"善词章，谙典故"。孝宗便召见陆游，赐他和尹穑两人进士出身。尹穑也是陆游在临安结识的朋友之一，年纪比陆游大得多，以博闻强记著称。

这年年底，孝宗采纳张焘的建议，请百官具奏弊政和救弊之法。

诏令下达，写还是不写？像陆游这样的小官员，当然可以选择不写。即使写，也可以选择一些安全的老生常谈，敷衍了事。但陆游的心，却在看到诏令的那一刻，像火山岩浆一般翻腾起来。至此时，他入仕只不过三年有余，但在这三年多的时间里，他参与了这个帝国的细部运作，也真正地见识了它的困境和沉疴。不，他必须说出来，即使这样注定会得罪一些人，他也要说。

一下子，千头万绪涌上他的心间。他想起初到宁德时，陪同接待过一些外来办事的官员。这些官员奉旨专干，没有辖制他们的上司，因而一到地方便颐指气使，作威作福，而地方官员也只得全程赔着笑脸，以免给自己招来麻烦。当时他和朱孝闻都气得不行，事后两个人议论起来，朱孝闻说，他留心观察过，这些官员都是品行低下的类型，而那些人品高洁、在朝廷上素有重望的大臣，反倒行事低调，待人谦和。

那么，这要算一桩。

他想起楚汉相争之时，韩信、彭越、英布三人反楚归汉，为兴汉立下大功，故皆受封为王，开了异姓封王的先河。然而不幸的是，后来这三人皆遭诛杀。到了唐代，异姓封王始于安禄山，结果又是一场血雨腥风的悲剧。大臣功高震主，一朝封王，朝廷难以辖制，两下里难免心生猜忌。且异姓诸侯，无手足天伦方面的顾虑，生变的可能性远高于宗亲。而一旦悲剧发生，轻则血溅五步，重则生灵涂炭，乃至动摇国之根基。以当今国情，哪里禁得起这样的狂风骤雨？所以，需要布下诏令，今后异姓封王，定要十分谨慎。

…………

一桩桩一件件，眼前的草稿上，罗列的弊政竟已有十几件之多，而每一件，都大有革除的必要。但是，三年的仕途生涯，让他明白，如果罗列的条目太多，既难以得到重视，也难以一一实现。那么，他必须从这十几件中筛选出最重要的事项。

夜，不觉中已经深了。就着一盏孤灯，陆游开始仔细誊写他的《条对状》。他的建议共有七条：

一、使国家得以存续的要点，在于防微杜渐……异姓封王的制度，始于汉初，当时天下未定，才出此权宜之制。然而纵观韩信、彭越、英布、卢绾等人的命运，皆是败在封王这一转折点上……想我大宋国初，赵普对社稷有很大功劳，但也不曾在有生之年封王……恳请陛下颁下诏令，从今以后，非宗室外戚，即便是功劳卓著，也不要动辄加封王爵。

二、朝廷官员奉旨到外地办事，既领受专命，却又无统属的上级机构，因而在官差之地作威作福，干扰地方事务……如果朝廷确有大事，必须派遣专使，还请于廷臣中遴选有才望之士，方能不负使命。

············

窗外的巷子里，守夜人的鼓，已敲过了三更。

出 都

1

孝宗赵昚即位的第二年改元隆兴，这一年即为隆兴元年（1163）。

这个年号一经拟定，陆游很快便知道了。"隆兴，隆兴，"他喃喃自语，"莫非圣上的意思，是将太祖的'建隆'和先帝的'绍兴'结合在一起，既要力求开拓，又要努力图存？"

隔了两天，他遇见了周必大，便说了自己的猜测，周必大连连点头。两个人对望一眼，都明白对方未说出来的意思——既然皇帝取了这样一个年号，想必是下定决心，不会向金国让步了。

金世宗完颜雍称帝后，便提出要南宋割让唐、邓、海、泗、商等已被宋国收复的州郡，并要求增加入贡岁币。为了逼迫南宋君臣让步，完颜雍以十万大军镇守河南，并扬言要攻取两淮，以武力造就威逼之势。而南宋军队则在泗州、濠州、庐州和盱眙驻扎，与金国隔着淮河对峙。

既然孝宗皇帝准备力战，大臣们便纷纷出谋划策。正月里，左丞相陈康伯提议修书给西夏，传达"永为善邻"的意愿，希望与西夏联手抗金。当时的西夏，夹在吐蕃、金国和南宋之间，和南宋一样，受到金国的威胁。所以陈康伯觉得，西夏同意联手的可能性，还是很大的。

经过商讨，中书省和枢密院（当时合称二府）的大臣们通过了这个提议，那么这封文书由谁来执笔呢？一位大臣推荐了陆游，众人皆无异议。事情就这样定了。

陆游被请到了中书省，听了大臣们的介绍，他心里隐隐觉得哪里不妥。

他想了想，问道："诸位的意思是说，这份结盟文书以二府的名义发出？"

"正是。"

"那西夏虽是蕞尔小邦，但此番联合抗金，乃是两国交好的大事，是否以当今圣上名义发出，方才更显郑重？"

"这个，"陈康伯说，"虽说是两国邦交，但我乃中央之国，彼为蛮夷小藩，倘以圣上之名修书示好，万一竟无回音，人不说彼蛮族无礼，倒似我等考虑欠周，置圣上颜面于无地，这样如何使得！"

众臣皆点头附和。

陈康伯是左丞相，他既然这么说，陆游虽心存疑虑，也不便反驳。

他点点头，走到案前坐定。纸墨早已备好，他将那支纤细的羊毫笔捏在手中，只觉得小小的笔杆仿佛黄金铸成，是一种从未有过的凝滞与沉重。他深吸了口气，凝神想了想，才屏息写道：

> 昔日我们的祖先与西夏世代修盟交好，不仅仅是要在无事之时共享安宁和平的福祉，也为了在危急之时休戚与共、灾患互助，能够无保留地彼此托付。然而期间遭逢变故，两国国

土被阻隔，即便是互赠礼物，也无法实现。但是敝国朝廷上，从未曾忘记祖先的意愿。

写到这里，他停了一会儿，左手下意识地握住右腕。二府的官员们围案而立，个个神色肃然，十几双眼睛齐齐盯着陆游手中的笔。终于，那支笔再次落在纸上，整个大厅中，重又响起轻微的飒飒声：

当今天子即位时，对大臣们说道："西夏国与我国交好二百余年，不可能不记得曾经的盟誓啊！"我们知道西夏国国主您英勇睿智，天下闻名，所以斗胆向您表达心意，希望能够得到您的关注，如果能得到您的佳音，我们将禀告天子，进而商议如何延续我们由来已久的友好关系。

文书写好了，负责传书的使臣已经出发，陆游的心却悬到了半空。他回到住处，在书房里踱了一会儿步，决定去找周必大说说话。但是走到门口，他又折了回来。他很清楚，此事无论与谁说，都是无可奈何的了。那西夏国主收到文书，作何感想，也非他所能左右。他已经尽己所能，把信写得客气诚恳，还特意反复申明孝宗皇帝对西夏的推重，尽管二府众臣都没有如此示意。至于此信收效如何，实在是他能力之外的事情了。

2

到了二月份，二府又派人来请陆游。

这次又要起草什么文书？还是上次给西夏国的盟书中途出了什么纰漏，要另修一份？陆游一路走，一路猜测。

这次在枢密院中等着他的，是右丞相史浩。

陆游与史浩比较熟悉。之前他得赐同进士出身，史浩是他的举荐者之一。史浩告诉陆游，此番请他前来，是要起草一个告示类的文件。因为不久之前，一位叫李信甫的平民领袖带领北方的人民起义抗金，被孝宗皇帝破例擢升为兵部员外郎。因此史浩在朝堂上建议，就以李信甫作为榜样，来号召北方的人民起义。

关于李信甫的事情，陆游也是知道的。如今听史浩一说，他不禁以拳击掌，叹道："正该如此！想那沦陷之地，人人心向故国，集我万民之力，何惧胡虏不除？——不知圣上怎么说？"

史浩捋须微笑，说："圣上也觉得如此甚好，当即说：'就依此行事。但凡函谷关外，有起义军首领占领了州郡前来归顺朝廷的，便将该州郡赏赐于他，且允许其子孙世袭。'又说，许诺他们'规模大的可以封王，带节度使或者镇抚大使头衔，赐玉带、金鱼，以及镀金的银质印信'，你想想，厚赏之下，必有勇夫，那些平民百姓，谁个不想为国立功，跻身王侯？"

"丞相说的是。只是我忽然想到，这些草莽英雄，原是不受拘束惯了的，恐怕不习惯朝廷上这些繁文缛节……"

史浩抚掌大笑："好个陆务观，和我想到一块去了！当时我也向圣上提出这一层顾虑，因此圣上说，咱们允许这些起义英雄的子孙永世世袭，财权、军权及司法种种，朝廷概不干预，只要求他们每年前来朝见一次——就这一次，圣上也说了，允许他们派人代替。唉！圣上真是仁厚之至。"

"好，我这就写来！"

挥笔写完了这份《蜡弹省札》，想象着它们被誊抄成无数份，送达边陲各镇，再裹在蜡弹中投送到敌占区的人民手上，陆游的心就怦怦地跳起来，他仿佛看到，就在金兵的眼皮底下，遍地烽火熊熊地燃烧起来，失国的人民揭竿而起……他几乎听见了，他们在那遥远之地，大声喊出了他心底的声音：收复中原！收复中原！

3

北伐计议已定，但老将刘锜已死，谁来统兵？孝宗决定起用另一位老将张浚。于是破例晋封张浚为魏国公，授少傅、江淮东西路宣抚使。江淮东西路所辖范围从江阴、镇江、建康、池州直到江州，这些地区的军队都归张浚统领。

张浚与陆游的父亲陆宰是朋友，所以陆游算是张浚的晚辈。张浚得到起用，陆游很高兴，因为张浚一直是最坚定的抗战派领袖。他提起笔,给张浚写了一封贺信。

写了几句道贺的客套话,陆游的心思已经飞远了。他的目光越过眼前的纸笺,仿佛看见张浚骑着战马,率领大军北伐。他看见两军对峙,林立的剑戟寒光闪烁……他的心里,突然涌上一股莫名的不安。张浚这个人勇猛刚直,是个急性子,这一点陆游是知道的,许许多多的话语涌上喉间,他叹了口气,又斟酌着写下几句:

> 与金人作战,并非没有必胜的把握,但关键还在于计议周密,稳健而行。

两国交战,岂是儿戏,派兵遣将,可千万要慎重啊!他在心里一遍遍地说。

这年四月底,张浚的大军开动了,而陆游的心,也随着出发的大军,一路向北。他找来了一张地图,钉在住所的墙壁上,前线每一次传来消息,他就在上面作出标注。

五月初七,张浚指挥十三万人马越过淮河,向金兵发动进攻，兵分两路，分别收复了灵璧（今属安徽）和虹县（今安徽泗县）。

首战告捷，陆游左手握着酒杯，右手捉笔，在地图上围着这两个县画了大大的圆圈。

五月十四日，南宋大军进攻宿州州治符离（在今安徽宿州），于次日收复宿州，诛杀金兵数千人。消息传到临安，孝宗亲手起草嘉奖令："近日边报，中外鼓舞，十年来无此克捷。"下令提拔奖励张浚麾下的两位将领李显忠和邵宏渊。

这一晚，陆游喝醉了。

接下来的日子，战争似乎进入了胶着状态，连续多日，都没有明确的消息传过来，这让陆游寝食难安，他常常站在那张地图前面端详，想象着战争可能的进展。

这天，陆游来到史浩的府上。虽然史浩一向主张对金和议，但战事发动之后，他和朝中的大臣们一样，对战局保持着高度关注。身为右丞相，史浩的消息十分灵通，加上他又是孝宗皇帝的老师，说起事情来不像朝中的许多大臣那样瞻前顾后、吞吞吐吐，所以陆游很喜欢与他聊天。

首战告捷，陆游用笔在地图上围着这两个县画了大大的圆圈。

史浩当然知道陆游的来意。前一天，他刚刚听说了战场上的一些事情，正在为此忧心忡忡。

见史浩面有忧色，陆游心头生出不祥的预感："丞相，是不是……"

史浩摆摆手，叹了口气，说："倒是没什么。我只是听说了一些事情——你可知道，当日大军攻下灵璧和虹县，灵璧是李显忠率部下收复的，但邵宏渊攻打虹县未下，所以李显忠率部驰援，又派灵璧的降兵到虹县劝降，这才拿下了虹县。"

"这个我听说了。所以日前圣上论功行赏时，对李显忠的封赏超过邵宏渊，这也没什么不公平之处——难道其中另有隐情？"

史浩摇了摇头："那邵宏渊被李显忠抢了军功，心里当然愧恼。偏生事有凑巧，一个金国投降的千户又跑到李显忠那里投诉，说邵宏渊手下的一个兵士抢走了他的佩刀，李显忠当即下令斩了这个兵士。你想想，自己手下的兵士当众被斩，邵宏渊身为将领，自然觉得李显忠有意扫他的颜面，心中更加气恨。"

"啊！如此一来，两个将领有了矛盾，岂不影响军心？"陆游这才明白史浩在担忧什么。

"更糟的还在后头。那日大军收复宿州，军报中并未提及，符离的仓库中，原有黄金三千余两，白银四万余两，另有绢、钱、粮食和酒等，一时也难以尽数。李显忠放纵亲信恣意搬取，剩下的才用来犒赏将士，三个士兵共奖赏一贯钱。嗨！这个李显忠，打仗倒是勇猛，行事上却是个糊涂虫。"

陆游听得心焦："这样行事，将士们心生愤懑，势必要影响斗志，这可如何是好？不知张将军可知道这些事情么？不管怎样，咱们得快快想个办法。"

"这种事情，张浚不可能不知，但他也只有这二人倚为左膀右臂。李、邵二人领兵多年，他们麾下的兵将，只肯听自己主帅号令，如今大敌当前，要想换下二人中的任何一个，都绝无可能。"

陆游只觉得浑身的血都凝固了。但是他还抱着最后的一线希望："也许到了大战之时，二位将领能放下嫌隙，同仇敌忾，也未可知。"

史浩点点头："希望如此。"

然而，事实很快击碎了陆游的一线幻想。因为将领不合，互相掣肘，南宋大军接连败绩，军心动摇，多位统领各率所部逃遁。不久，金兵再次攻打宿州，邵宏渊仍不肯出战，李显忠独力难支，只得连夜撤出宿州，遭到金军追击。金军追到古符离集时，十三万宋军全军溃败，粮草辎重损失殆尽。

这场"符离之战"，以南宋的惨败而告终。

战事的失利让陆游大受打击。一腔热望转眼间化为乌有，他站在那幅地图前，手指慢慢抚摸过北方的广袤大地，不禁泪水长流。

4

北伐开始之前，三月间，因孝宗下诏编修太上皇帝圣政，陆游调任圣政所。所谓"太上皇帝圣政"，是历朝历代都要编修的先帝实录，但因为高宗此时还在世，所以不能叫"实录"，而以"圣政"称呼。与陆游同在圣政所的，还有诗人范成大。

在圣政所，陆游写了一道《上二府论都邑札

子》，建议朝廷迁都建康（今江苏南京）。

迁都这件事情，他已经翻来覆去地思量了许久。有一次，他与范成大说起来，说朝廷应该迁都建康，而且越早越好。因为南宋朝廷一直是把临安称作"行在"的，并没有作为真正的都城。

"一个国家怎能没有都城呢？"

说这话的时候，陆游正在和范成大一起喝茶。他伸出食指，蘸了蘸茶水，在桌上画出长江的弯曲线条，又画了两个小圈，标出临安和建康的位置，给范成大示意。"即便以目前的形势论，建康也比临安更适宜作为都城。"他用食指敲着桌面上代表建康的那个小圈，"从建康渡江，经皖北，便可以随时收复东京汴梁（今河南开封）。"

范成大望着那个小圈，摇了摇头："务观兄，你忘记靖康之痛了吗？一旦金兵南侵，临安更便于躲避，免于重蹈徽、钦二位先帝的悲剧。而且一旦建都建康，势必引起金国的猜疑，只怕滋扰不断。"

如果一国之君遇到战争只想着躲避，将士和人民怎么能有斗志呢？陆游在心里反驳，但是这话没法径直说出来。"如何布局才能让金国不起疑心，这个问题我也反复考虑过了。眼下我们可以与金国约定，把建康和临安同时作为驻跸之地。金国每年派来的使臣，既可以来临安，也可以到建康。这样，我们就可以利用使臣未来建康的闲暇之际，建都立国。"

"对了，务观兄，我前日写了一首诗，正想着请你评判评判呢。"范成大转移了话题。

显然范成大并不赞成建都建康的设想，那么想必也不会赞同他写什么建都札子，陆游在心里叹了口气。

但是骨鲠在喉，不吐不快，他还是上了这道札子，其中写道："我听闻江左自东吴以来，从未有过舍弃建康而以他处为都城的……如今皇上圣驾驻跸于临安，本是出于权宜之计，并非定都于此。但以形势论，临安并不稳固；以馈饷论，临安也不便利……"

递上去的札子如石沉大海，他没有等来任何回音。

5

陆游并没有在圣政所待多久，因为很快就出了一件事情。

孝宗在被立为太子之前，曾经有一位名叫曾觌（dí）的门客。曾觌很善于察言观色，对孝宗的喜恶十分了解，因而深得孝宗的信任。孝宗即位后，曾觌得到重用，经常出入内廷。有一天，孝宗在宫中喝酒，史浩和曾觌也都在座陪同，这时一位宫女拿了一只手帕，来请曾觌在上面题诗。

题诗这种事情，原本是文人们常做的风雅之事，所以曾觌随手接过了手帕，但是他突然想起不久前，宫中的一位内臣因为被人告发与宫女有纠葛而被治了罪。曾觌想到这里，赶紧把手帕还给了那个宫女，说：“你不记得之前刚有人被治了罪吗？大家还是避嫌些比较好。”

宫女拿着手帕走开了，曾觌继续陪着孝宗和史浩喝酒聊天，尽欢而散。

过了几天，陆游去拜访史浩。闲谈之间，无意中提到了曾觌，史浩便把那天在宫中饮酒时，曾觌对宫女说的一番话，随口和陆游说了。

　　陆游却对这件事情愤怒起来。他本来就对曾觌的善于钻营感到不满，在皇帝面前与宫女接触，这样轻浮而浅薄的人，怎么能做大臣呢？陆游和参知政事张焘关系很好，就把这件事情讲给了张焘听，表达了自己的愤慨。

　　这时孝宗皇帝正准备提拔曾觌和另一位叫龙大渊的门客做官，让他们参与军国大事。但他刚把想法提出来，大臣们就纷纷表示反对，并抨击二人才能平庸、见识浅薄。孝宗很生气，恰好这时张焘进见，孝宗以为张焘一定会支持自己，没想到张焘说："陛下初登大位，不宜与臣下燕狎。"接着便说了之前曾觌与宫女的对话，认为宫中发生了这些事情，实在有失圣主体统。孝宗更加生气了。北伐以失败告终，他心情本来就很差，与老师和亲信在宫里喝点小酒解闷儿，怎么就变成了燕狎的把柄？

　　孝宗问张焘："这事你从谁那里听说的？"

　　张焘不敢隐瞒，只得回答说，是陆游告诉他的。

　　"陆游吗？朕有心栽培他，没想到他竟是这

样一个搬弄是非的小人!"

很快,陆游就接到了调令:出任镇江府通判。

北伐失利,自己又被贬出京城,难道命中当有此劫?

"看来,今后议论这些大臣,可千万要小心谨慎哪!"陆游虽然在心里这样打趣自己,但还是心情黯然。想当初满心欢喜来到临安,到如今还不到三年。而离开的原因,竟是这样让人哭笑不得。

他收拾起行囊离开临安,写下了一首《出都》:

重入修门甫岁余,又携琴剑返江湖。
乾坤浩浩何由报,犬马区区正自愚。
缘熟且为莲社客,伻来喜对草堂图。
西厢屋了吾真足,高枕看云一事无。

嘴里说着"高枕看云一事无",然而他又哪里能够"高枕"呢?

入　蜀

1

　　乾道五年（1169）冬天，陆游收到了重新出仕的诏令：以左奉议郎通判夔州军州事。在此之前，他因为被言官弹劾"力说张浚用兵"而被罢官，已经在山阴乡间蛰居了四年。

　　接到诏令时，陆游正在病中。上腹部时常莫名疼痛，尤其受凉时，痛感更烈。

　　妻子王氏将一碗汤药端到他的榻前，见他把那份诏令放在一边，脸上神色阴晴不定，便说："官人怎么倒似不太高兴？可是这次的职事不太合心意？"

陆游摇摇头:"职事倒没什么,总归是个小小的通判罢了。"

王氏揣摩着丈夫的心意:"那官人是担心生病不能前去,误了官家的差事?"

陆游正喝着汤药,摆了摆手,喝完了,才说:"你不晓得,那夔州地处蜀中,距这里极远,'通衢舞竹枝,谯门对山烧',最是荒僻的。便是即日动身,没有三五个月也到不了,又哪里差在这一时了?"

"那么远?!"王氏眼角眉梢的喜意消失了,"官人这一去一回……"

陆游明白妻子的意思,说:"这次不比往常,咱们一家人自是都要去的。"

王氏重又欢喜起来:"都说蜀中是'天府之国',咱们娘儿们也去长长见识,回来和亲戚妯娌们也有的说。"

陆游笑了:"妇人之见啊,妇人之见!"

因为天气寒冷,陆游病中难以承受长途跋涉,所以直到第二年夏天,也就是乾道六年(1170)闰五月十八日,他才启程前往夔州。

2

六月底，陆游带着家眷到达镇江。六年前，他曾担任镇江府通判，在镇江待了一年有余，此番算是故地重游。真是铁打的衙门流水的官，如今为他设宴接风的镇江知府蔡洸等一干当地官员，一个个都是新面孔。

席间，蔡洸建议陆游一定要再去看看北周山的甘露寺。"不到甘露寺，休言老镇江。"蔡洸随口诌了一句，大家都笑了。

说到甘露寺，陆游猛地想起一位连姓的老衙役来，一问，才知他年前竟已过世了。陆游一阵感伤。当年这位连衙役曾陪同他登上北固山，游览甘露寺，又一起看了山上那块形状如羊的"狠石"——相传刘备与孙权曾坐在石上共商破曹大计。

"当时连大伯告诉我，其实这石头的原身早已不知去向，寺中僧人另外找了一块石头来充数，形状倒也颇像只羊。那些游客不知底细，整日价围着石头摩挲感慨，惹得僧人和寺中童子暗中窃笑。

唉!想不到一别数年,他竟已离世了。"

告别蔡洸等人,陆游又去看了那块假冒的"狠石",它已被无数游人的手摩挲得油光锃亮。

甘露寺中有一座多景楼,是寺中住持化昭长老所建。陆游登上多景楼,见楼下江水滔滔,一路东流,南岸的草木历历可数,视野十分开阔。北固山有多处悬崖峭壁,如刀斫斧削一般,但是陆游意外发现,这些崖壁居然都是土质的。六年前他来此游览,竟没有注意到这一点。他揉揉眼睛,想起史书中记载这里"石壁峭绝",不禁怀疑自己看错了,便问化昭长老,结果长老说,那些峭壁确是土质无疑。

"看看,史书也可能是错的。"陆游转向身边的两个儿子,"你们读书的时候,要常存质疑之心,要相信自己的眼睛和判断。"

也是巧了,范成大当天也到了北固山西侧的金山,得知陆游在此,特意在玉鉴堂中设宴,请陆游吃饭。当年陆游在临安时,与范成大同在圣政所,转眼之间,两人相别已有八年。如今范成大以资政殿大学士提举万寿观、侍读,作为金国祈请使往来于南北之间。说起在临安时的往事，两个人都觉得前尘如梦，感慨万千。

陆游告诉范成大说："今天一早，我让仆人带了酒和祭品，去拜谒英灵助顺王祠。远远见祠旁竖着个牌子，看着又不像功德碑，也不知派的什么用场。到了近前，没想到这牌子上写的却是：'赛祭猪头，例归本庙。'真是生生笑死个人！这些僧人着实怠懒，竖这么个牌子，将好端端的风景破坏了。我倒是想问问，和尚们要这么多猪头做甚用场？"说着，又忍不住哈哈大笑起来。

范成大也笑了笑，他常来此地，早就见怪不怪了。

陆游谈兴正浓。他想起早年间听同僚讲过关于此祠的典故，便说："据说绍兴末年，完颜亮入侵之时，叶审言督视大军守江，至此祠中祝祷，许愿我军获胜后，为府君奏加帝号。隆兴年间，金兵又至，朝廷中有近臣提起此事，有懂行的大臣便说，四渎（长江、黄河、淮河、济水的合称）止于封王，而水府不应在四渎之上，故不能加封帝号，只能加美称。于是这位府君，便有了'英灵助顺王'这个称号。不过这些都是道听途说，也不知是真是假。"

范成大点点头："我倒是也听说过。这事传得有鼻子有眼，想来该不是讹传。"

"说来也是巧了，刚才我在祠中游览，遇到一个武人，自称王秀。他说自己是博州人，今年五十一岁。当年完颜亮南侵时，他在河朔参加义军，攻下大名府，一心等候王师到来。然而大军到后，却并未将其收编，言语中甚是沮丧。"陆游拿起酒杯，一饮而尽，眼睛慢慢笼上一层雾气。"唉，说起完颜亮南侵，距今不到十年，回想起来却如同前世一般。"

"当时你我二人同在圣政所，有一次你说，本朝应该建都建康，我当时还在心里笑你未免少年意气，现在想来，如果早做计议，可能也不至如今……"范成大的声音慢慢低沉了下去。

告别范成大，一行人重又登舟启程。在船上回望金山，但见楼观层叠，更显其巍峨壮丽。

船至瓜洲，江上风平浪静，一江碧水，平整如镜。不想没过多久，突然风雷大作，一道闪电自半空直击江面，距陆游一家所乘之船仅有丈余，一船人尽皆惊呼。船家急忙靠岸系缆。风雨雷电之间，陆游想起父母说过，自己降生之时，也恰是在行舟途中，也是疾风暴雨，而当时的父亲，也正前往临安等待新的任命……一切都仿佛往昔的再现，只是时光倏然过去了四十五年。

<h2 style="text-align:center">3</h2>

八月十八日，陆游一行到达黄州（今湖北黄冈）。黄州乃是僻陋荒蛮之地，而自从唐朝的杜牧、宋朝的王禹偁（chēng）先后在黄州担任地方官，又有苏轼和苏门四学士之一的张耒被贬谪到此，黄州就一下子成了有名的地方。

陆游立于船首，还隔着老远，他就望见了临皋亭。他将两个儿子唤到身边，指给他们看："这个临皋亭，便是苏东坡初到黄州时的寓所。苏东坡那时写信给秦少游，说自己的住处'门外数步即大江'，便是在这里了。一会儿咱们且上去看看。"

早有当地的官吏在岸上恭候，将陆游接到州府，知州杨由义、通判陈绍复已在府中相候。陆游略一打量，此处虽说是一州行政机构，却十分简陋，议事厅也狭小异常，仅可容纳数人坐谈。

杨知府问起一路上的见闻，陆游便说，有一天，他看见一条奇怪的大鱼，身长数尺，周身火红色，如一条大蜈蚣一般，逆水而上，激起的水花足有两三尺高，十分骇人。还有一次，他见到一种鱼，头上竟然生着一对角，远远看去像是一只小牛犊。当时他叫了船家来看，可惜就连见多识广的船家也叫不出它的名字。

杨知府说："这长江中水族众多，有一些连当地渔民也不知是什么生物。前些时候我乘船去对岸，到了江心，离船不远处突然出现了十几条巨鱼，其大如牛，只是周身银白，鱼尾击起一片浪花，极是壮观。当时问了船家，他们也叫不出名字。"

众人都啧啧称奇。

陆游忽然想起一事，行至江州时，江面开阔，他望见江心竟停泊着一只巨大的木筏，那木筏宽十余丈，长五十余丈，从筏上搭建的棚屋来看，上面住了足有三四十户人家。再仔细看，其间居然还有一座神祠。房间屋后，有妇女在洗衣，有数个孩童跑来跑去，有的人家还养着鸡和狗，门前摆着舂米用的臼碓等用具。"莫非这些人经年只住在水上，难道他们不登上陆地吗？"

通判陈绍复说，他见过更大的木筏，其上铺垫土壤，用来种植菜蔬，有的筏子上甚至还有酒肆。这些住在筏上的渔民，没有土地，也没有户籍，基本就在江面上漂来漂去。

陆游听了，长叹一声，说："苏东坡当年写过一首《鱼蛮子》，说有渔民长住江上的'三尺庐'中，活得简直与水獭无异。我只道如今再不会有这等情形。唉，哀民生多艰啊。"

既然到了黄州，东坡当然是必游之地。翌日晨起，从黄州东门出城，行不多远，便到了东坡。陆游一路行来，遥想当年苏轼借地开荒，将遍地瓦砾的荒废营地开垦为良田，历经种种艰辛，而苏轼的性情却越发旷达，令人为之心折。步入雪堂，陆游仔细瞻仰苏轼画像，但见苏公乌帽紫裘，横持竹杖，面容清瘦，眉目之间，有一股清奇之气，正是他心目中的苏子形象。

尽管苏东坡当年在黄州过得并不算坏，但不知怎么，这里仍然让陆游感到莫名的悲凉，仿佛自己置身于被贬谪放逐的途中。万里赴蜀，天涯羁旅，仿佛能感觉到自己白发疯长。子曰：逝者如斯夫。然而江水滔滔，哪里流得尽英雄的遗恨！陆游提笔写下一首《黄州》：

> 局促常悲类楚囚，迁流还叹学齐优。
>
> 江声不尽英雄恨，天意无私草木秋。
>
> 万里羁愁添白发，一帆寒日过黄州。
>
> 君看赤壁终陈迹，生子何须似仲谋。

4

没想到船到中途，差点儿闹出了人命。

这一天，船张着满帆，借着风力，稳稳地行进在江心。岁至初冬，南岸的山峰和北岸的平原，都裹了一层苍茫寥廓的灰褐色，看得久了，整个人都惆怅起来。陆游索性把自己关在舱中读书，正读得入神，外面突然响起一片喧哗之声，有人惊呼，有人在大声叫嚷，有人咚咚咚地从甲板上跑过去。

出了什么事情？陆游赶紧放下书，来到甲板上。

水手们都挤在船尾，有的正焦急地向着江中呼喊，有的则指指点点。顺着他们手指的方向望去，但见一个男子在波涛间起落沉浮，被湍急的水流裹挟着，身不由己地向下游漂去，正是自家船上的招头王百一。陆游顾不得问清原委，赶紧命人落了帆，掉转船头，一面让船户赵清选两个水性好的水手，准备下水救援，一面让人找来两根长绳。

说话之间，王百一已经被水流带出近百米远。船头调转过来，开始顺水向下游行驶，两名水手脱了上衣，将长绳的一端缚在腰上，跳到水中，奋力向王百一游去。有好几次，王百一都被浪打得不见了踪影，让船上的人徒然搓手跺脚。足足追出一里有余，那两名水手才靠近了王百一，一边一个抓住了他的臂膀。船上的人赶紧拉动绳索，把三个人拖上船来。

天寒水冷，三个人早已冻得嘴唇青紫，尤其王百一，身体僵直，已经说不出话来。众人七手八脚将三人用毡毯裹了，灌下几口烧酒，扶他们到舱中取暖。

船尾只剩下陆游和船户赵清。赵清犹自惊魂未定，紫涨着脸，眼神游移不定。陆游猜测事有隐情，便问赵清，王百一怎么会失足落水。

"这狗……这厮想不开，自己跳下去的。"赵清跺着脚，似乎又是好气，又是好笑。

"什么事情想不开，至于跳江？"陆游更奇怪了。

"嗨，您不晓得，咱们起程之前，我对外召募船工水手，这个王百一过来应聘，做了船上的招头。这厮性格古怪，平时不大与人说笑的，水手们与他也不甚亲厚。昨儿我改让程小八做了招头，没想到这王百一竟然发了疯，要投江寻死。"

"做招头比平常水手工钱多好多吧？"

"那是。招头就是水手们的头儿，不仅工钱多，赶上祭神，分得的祀品也比别的水手多上几倍。"

陆游心里有数了。船已经在江上走了两个月，赵清大约与那位叫程小八的水手相处得好，便将其提拔为招头。而王百一无故失了职位，竟至发狠赴水。

陆游进舱去看王百一。底舱光线昏暗，空气潮浊。就着抖动的烛光，陆游见王百一紧闭双目，似在想着心事，但呼吸均匀，面上已有血色，也就放下了心。陆游在王百一对面的榻上坐了，问他感觉好些没有。王百一张开眼睛，见是陆游，便挣扎着要坐起来，陆游忙按住他肩头，扶他躺下。两个人聊了几句，王百一说他是嘉兴人，父母已经过世，家中只有一个兄弟相依为命。陆游便安慰他说，眼下行程已过大半，眼看就要到目的地了，那时凭他的本事，再找个招头的职事自是不难，不必逞一时意气。说得王百一脸色活泛起来，渐渐有了笑意。陆游又嘱他好好休息，才起身告辞出去。

次日晨起，起程继续西行。陆游又想起昨日之事，心中感慨万端：区区一个招头的职位丢了，竟然有人为之赴死，其他比这更大的利益，简直不知如何了！想着想着，心头潮涌，便想诉诸笔墨，一吐为快。船行江上，本不利于书写，但他还是展开纸笔，草草写下心中所想，准备晚间泊岸后再誊

次日晨起，起程继续西行。想起昨日之事，陆游心里感慨万端。

抄。正写到酣畅处，船身忽而大震，自船底传来一声闷响。陆游猝不及防，险些栽倒，砚里的墨也泼溅出来，染污了纸的一角。

船身又晃了两晃，便不再移动分毫。又是一片杂沓之声，船户赵清急遣水手下水察看。

最糟糕的事情发生了：河床上一块尖锐的大石刺破了船底，客船被迫搁浅。船家要紧急修理，陆游一家只得舍舟登岸，到附近的新安驿中投宿。

当晚，陆游弄清了事情的原委。一百年前，山上岩石崩落，致使这一带河道壅塞，河床上暗礁遍布，过往船只因此受损者不计其数。于是当地官员上奏朝廷，开始疏凿河道。但是要清除河道上的暗礁，需要在腊月和正月水落石尽出之时施工。而这一带滩上的居民，恰恰依靠售卖修船用的板材之类而获利，所以阻挠施工，又贿赂疏凿河道的工匠，以致直到工程结束，河道上的利石仍未能尽除。这种情形下，本来只有轻舟方能顺利通过，然而船家为了获利，仍冒险在船中装载了陶瓷等货物，所以才有了早上的惊险一幕。

人性如此复杂而贪婪，让陆游的心一阵战栗。

他在案前呆坐良久,早间那篇未完成又被染污的随感正摊在上面。他索性把它挪到一边,找出一张信笺。他要给当地的官员写一封信,请他们在这一带的岸边以大字刻石,告诫过往船只缓行轻载,这样一来,应该会多多少少减少一些悲剧的发生。

这天夜里,下了入冬以来的第一场雪。陆游拥衾而卧,听雪敲窗纸,簌簌有声。想起此时离故乡已是迢遥万里,年少时以为宦游天下增长见识是何等乐事,哪里想到行路如此艰难?正是前日所写的"少年亦慕宦游乐,投老方知行路难"啊!

他睡了。在梦中,他回到了万里之外的故乡,正值春天,房前屋后的竹林萌发出鲜嫩的新笋,海棠和辛夷花在庭院里悠然盛开,灿若云锦。

壮岁从戎

1

乾道八年（1172）三月十七日，陆游到达南郑（今陕西汉中）。正是阳春时节，一路上，草木欣欣，生机无限，仿佛有意应和着他的心境。眼前是望不尽的平川沃野，远近道路如绳，蜿蜒交错。麦田业已返青，大片大片的苜蓿草一碧连天。

进城后的第一件事，当然是去宣抚司拜见王炎。

穿过绿杨夹峙的甬路，踏进宣抚司大堂，陆游不禁一怔：迎面而立的一道屏风，上面竟是唐代边鸾所绘的一幅折枝梨花！边鸾是长安人，平生最擅绘花鸟草木，他的折枝花卉，历来为藏家所推重。这来自三百多年前的一枝梨花，雅洁、飘逸、风姿楚楚，与他此前想象中金戈铁马的宣抚司风味似乎大有不同。

王炎正在与几位下属商谈公事，听军士报说陆游到了，当即有请。

陆游跟在军士身后踏进议事厅，便见数人迎上前来，当中那人五六十岁年纪，面容和蔼，眼中却凛凛有威严，心下知是王炎，当即抱拳施礼，早被王炎一把握住臂膀："陆务观啊陆务观，你可算到了！"

此番二人虽是初次见面，之前陆游也只在接到任命后依照惯例写了一封《上王宣抚启》，但双方对彼此并不陌生。陆游知道王炎与自己一样，早年也是以父荫入仕，虽是一副书生模样，却以雷厉风行著称于世。因其才干与直率敢言，为孝宗皇帝所赏识，仅用了数年时间，便由一个寂寂无闻的两浙计度转运使，升任参知政事，兼同知国用事、知枢密院事，集军、政、财权于一身，地位仅次于丞相。几年前，王炎以参知政事的身份，主政四川宣抚司。

几位同僚寒暄后便纷纷告退了，留下王炎与陆游，二人的话题很快转到了四川的防务及目前的局势上面。

陆游直率地向王炎建言："要经略中原，就必须取得长安，要取长安，则要经营陇右。当积粟练兵，有衅则攻，无则守……"陆游认为，既然南郑的地理位置可攻可守，那么就应该囤粮练兵，伺时机成熟，便可先攻下长安，再以长安为根据地，进一步收复中原。

见王炎频频颔首，陆游又说："在下愚钝，先前虽听闻枢密院张公之言，然则理解有限。入蜀之后，方才慢慢领会到其中精妙。"

数年前，孝宗重新起用老将张浚筹划北伐事宜，陆游时任枢密院编修官兼编类圣政所检讨官，负责起草了许多北伐文件，受张浚的影响甚深。早在高宗时，张浚任知枢密院事、宣抚处置使，经营川陕。他上书高宗，提出立足汉中、夺取长安、收复中原的设想。虽然张浚发动的富平之战以失败告终，但他提出的战略方案，逐渐成为当时许多士大夫的共识。而在入蜀之后，陆游对张浚当年的构想，有了更深的理解。

此时，南宋在秦岭—淮河沿线设置有三大战区，自西往东，依次为川陕战区、荆襄战区、两淮战区。三区之中，川陕战区位于江汉上游，处于西北部的抗金前线，位置举足轻重。而南郑既是前沿阵地，又是整个川陕战区的指挥中心。在陆游心中，南郑便是直取长安、恢复中原的大本营。

见陆游说得如此诚挚，王炎不禁为之动容。眼前这位名满天下的才子，鬓边已现星星华发，却是豪情不减，满腔忧国之思。他缓声安慰陆游："务观所言极是。不过恢复大计，非在一时一刻之间，咱们且从长计议。你初到南郑，且先歇息几日，然后四处走走，了解一下此地的风物人情。"

初来乍到，陆游并不了解王炎的具体部署。但是两个人都是立场坚定的主战派，这使得他们在上司与僚属的关系之外，更有一种默契的、惺惺相惜的情谊。

2

这次到南郑上任，陆游将家眷留在夔州，他自己平日就住在宣抚司幕府内。在诗中，他称之为"征西幕府"。

高宗时，张浚发动的富平之战失利，南郑一度落入金兵之手，大片房屋被毁损，城内瓦砾荆棘遍地。陆游到来南郑时，这里已几经修缮，大体上恢复了往日承平时期的样貌，只是府署内的办公条件还是比较简陋。陆游与十几位同僚挤在一个房间里，要么起草文件，要么埋头处理那些日常文书，总是忙得不亦乐乎。

府署位于府城的东南角，府署的大门，就正对着南城墙。夕阳西下，陆游步出府署，登上南城墙，俯瞰下方的拜将台。当年萧何月下追韩信，刘邦筑此台拜韩信为大将，终成就一番煌煌大业。往事悠悠，虽已隔千载之遥，仍让陆游悠然神往。

四川宣抚司的职责，包括招兵买马、囤粮练兵、前线军事布防、情报收集、安定边境等一应事务。而这些工作，并非坐在幕府的桌案前就可以完成。所以更多的时候，陆游总是在外面奔走。前一刻他还在陈仓道，转眼之间，人就可能已经到了祁山道。到南郑后的短短几个月里，他已经去过褒斜道、嘉陵水道、连云道、骆谷道，还有南郑东北面的鄠（hù）县、凤翔府，西北的秦州、西和州，北面的凤州和渭水河畔，也去过黄花、五丈原、骆谷和大散关……南郑周围三百里的地方，他几乎都跑遍了。

这天，陆游刚从凤州回到府署，正好有人从前方送来了一封紧要公文。来人是一名低级武官，一身戎装，虽是风尘仆仆，神态间却十分英武利落。看见同样武官装束的陆游，那人施礼致意，便转身匆匆而去，随即听得马蹄嗒嗒，渐去渐远。陆游的心里，突然生出一种异样之感。看着宣抚司大院内匆匆穿梭的文武官员，再低头看看自己身上的戎装，他感到仿佛正置身于一场大战的前夕。他想起到南郑之前，自己在一些诗作中已经在以老人自居，差一点笑出声来。那个自哀自叹的"老人"是谁？那时候的心境，如今想起，竟是恍如隔世。

王炎和他麾下的四川宣抚司一直都在积极备

战,但没有来自临安的诏令,谁也不敢主动挑起战争。虽然有时候,陆游会带着一小支队伍突破边境,侦查地势和敌情,但是更多的时候,他主要是带兵在边境附近巡逻,傍晚走到哪里,就在哪里过夜。喝一口泉水,啃一口囊中的干粮。夜露沾衣,他的心里却燃烧起熊熊的暖意。

巡逻结束后,他们回到军营。夜幕降临,将士们坐在篝火周围,野味在火苗上烤得滋滋冒油,热辣辣的烈酒装在牛皮袋里,从一只手传递到另一只手。有人敲响了羯鼓,有人扯开嗓门唱起歌来,有人和着鼓声跳舞,引起一片笑声、掌声和叫好之声。如果月光足够明亮,还会有人玩蹴鞠……这样的日子,流水一样哗哗地淌了过去。

陆游的诗也有了变化。边境的沉雄和豪迈来到了他的诗和词里,以一种激昂而坚定的质地呈现出来。铁甲、旌旗、战马、烽火、笳声、鼓角……它们带来了与往昔不同的声响和气息,铿锵、深沉而壮美。

这期间他写了一百多首诗词,但是有一次渡河行军,诗稿掉落河中,大部分散佚,仅留下三十首左右。而他最优秀的作品，则是离开南郑以后，在一次次对从戎生涯的追忆中写就的。

比如这首写于乾道九年（1173）的《三月十七日夜，醉中作》——这时，他离开南郑到达成都不到半载：

> 前年脍鲸东海上，白浪如山寄豪壮。
> 去年射虎南山秋，夜归急雪满貂裘。
> 今年摧颓最堪笑，华发苍颜羞自照。
> 谁知得酒尚能狂，脱帽向人时大叫。
> 逆胡未灭心未平，孤剑床头铿有声。
> 破驿梦回灯欲死，打窗风雨正三更。

有时，陆游也随军外出狩猎。在军队里，将士们是习惯于把打猎作为一种军事训练来操持的。他们骑着骏马，带着猎鹰，去高帝庙、沮水边、中梁山和韩坛附近打猎。那里山岭绵亘，地形复杂，山中常有猛虎出没。

有一天，他们三十几个人正在沮水边打猎，毫无预兆地，一只老虎突然出现在众人眼前。这只老虎可能正要去河边饮水，没想到会在这荒野骤然见到许多人类，一时有些愣怔。而众人在惊骇之下，尽皆白了脸色。退避是来不及了，陆游原本走在最前面，他索性大喝一声，挺起手中的长剑疾刺过去。老虎反应过来，纵身欲扑，已被陆游一剑刺中，登时鲜血喷溅。老虎吃痛，怒吼连天。几位将士反应过来，一拥而上，结果了这只老虎的性命。陆游在诗中写道："挺剑刺乳虎，血溅貂裘殷。至今传军中，尚愧壮士颜。"

3

宣抚司府署有一座后花园。

夏末的一天，南郑的军事长官吴挺邀请陆游和高子长到园中的云山亭里饮酒。高子长是陆游一位表叔的女婿，与陆游同在幕府中做事，平时也很喜欢作诗，陆游与他常有诗作酬答。

吴挺是抗金名将吴璘的第五子，自幼便聪慧过人，深得吴璘宠爱。吴璘的兄长吴玠病逝后，吴璘升为都统，接替兄长执掌兵权。后来吴璘身故，

老虎已被陆游一剑刺中，疼得一声怒吼。

吴挺代为掌兵,成为南郑地方最高行政长官,同时掌管本区兵马。

吴挺虽然出身将门,却很喜欢结交文士,而且出手大方,招纳了许多士人做食客。但陆游觉得吴挺醉心于游乐,附庸风雅,对军政事务并不用心。就在不久之前,陆游郑重向王炎建议,以吴玠之子吴拱来替代吴挺。

王炎有些吃惊,也有些犹豫。他认为吴拱无勇也无谋,并非将才。相比之下,还是吴挺比较有才干。

陆游提醒他说,吴挺既然无心于军事,倘若带兵打仗,同样难保不会落败。而且,军权在吴璘这一房手中掌握得太久了,其势力日益坐大,即便将来于战事有功,但只怕朝廷更加难以驾驭。

陆游的担忧并非没有道理。三十多年后,吴挺之子吴曦发动叛乱,自立为蜀王,但仅四十一天即为人所杀。当然,这是后话了。

与以往一样,吴挺的酒宴上高朋满座。让陆游隐隐感到不快的是,受邀的客人们大多是舞文弄墨的文人,身为军事长官的主人,并没有邀请他手下的那些将领——难道是担心他们粗鄙,会破坏主人的雅兴？

身材高大、相貌英伟的吴挺举杯祝酒。他早就听说过陆游的诗名，因而尤其殷勤，表现出倾心相交之意。陆游却不冷不热，无心回应主人的一片热忱。

酒至半酣，吴挺让人捧出笔砚，请陆、高二人为云山亭题诗。一番推让之后，高子长先作了一首七言绝句。陆游随后也和了一首诗。

陆游觉得有必要敲打吴挺一下，他有意把诗写得很浅易："文雅风流虽可爱，关中遗虏要人平。"

陆游念出这句诗，席间的人都微微变了脸色，气氛变得有些尴尬。吴挺愣了一下，随即爽朗一笑："务观兄的话，我懂了。"这时有人出来打圆场，酒席上的气氛重又融洽起来。"但愿这直白的劝诫，能让这位军事长官警醒些吧。"陆游把玩着手中的酒杯，一面应付着大家的劝酒，一面在心里想道。

4

秋天到了，空中渐渐有了肃杀之气。好像为了抵挡这越来越迫近的冷清，朋友们相聚的酒局也频繁起来。这天傍晚，几位同僚约陆游出去喝酒，几个人穿街过巷，来到城内西北角上的高兴亭中。从这里，可以远远望见天际横着的一抹黛蓝——那是长安的南山。

在歌女们的琵琶声中，亭外的天色暗淡下去。除了内城中的点点烛火，天地间的万物都仿佛消失了，隐匿于沉沉黑暗。

忽然，有人叫了一声："看！平安火！"

在通往骆谷的方向，烽火亮起来了，模糊之中，似乎还能隐约看见一点鄠县的轮廓。那烽火像是一抹星光，穿越层层暗云的缝隙，又像是一道突然划过山际的闪电，忽隐忽现地，把一种难以言说的悸动传递到人的心里。

在陆游的心里，那个念头越来越清晰，也越来越笃定了——作战的路线，完全可以从骆谷直抵长安，没有必要再经陇右绕行的呀！

他几乎就要脱口说出他的计划。但众口喧哗之中，他竟是找不到转移话题的缝隙。

他离开酒宴，凭栏而望。一轮皓月已升到半空，想起前一日恰是中元节，陆游心里一动——自从来到南郑，倏忽间，竟然已经整整过去了四个月。

月光清冽，照彻北方的秦岭和东北方向的南山。他想起南山后面的长安城，城中的灞桥和曲江，想起那里的人民。三十年了，咫尺之遥的长安仍是金国的属地，而长安的人们仍未放弃他们的等待。他们把关于金军的情报写在绢布片上，封在蜡丸里，想方设法传递过来；甚至，把洛阳的春笋和黄河的鲂鱼，也捎来给这边的同胞尝鲜。宣抚司因而得知，金军在长安的周围修建了三道堑壕，防守得异常严密。将来攻打长安，会是一场艰难的战役。

"务观兄，填一首新词助兴如何？"有人在席间喊他。

陆游回过神来，稍作沉吟，写下一首《秋波媚》：

秋到边城角声哀，烽火照高台。悲歌击筑，凭高醉酒，此兴悠哉。

多情谁似南山月，特地暮云开。灞桥烟柳，曲江池馆，应待人来。

箫声幽咽，歌女们曼声唱着："多情谁似南山月，特地暮云开……"席间的哗笑声沉寂下去，陆游的眼睛湿了。长安的灞桥烟柳，曲江池馆，在今生，他可还有机会能够一见？在隐隐约约的鼓角和秋声中，一股悲凉袭来，席卷了他的心。

5

他一直在隐隐忧虑着的事情，到底还是来了。

九月份，陆游从外面视察囤粮回来，在南郑逗留了数日，就又出发往南去巡视军务。到了嘉川铺（今四川广元附近），他听到了驿使带来的消息——

王炎迁枢密使，内调临安；左丞相虞允文授少保、武安军节度使、四川宣抚使，即日将起程赴蜀。

以十几年宦海沉浮的经验，陆游马上明白了。随着王炎离蜀，自己的抱负和雄心，也将就此搁浅。

向　晚

1

　　淳熙七年（1180）五月的一天，恍惚之间，陆游发现自己置身于繁华的街市上，到处是熙熙攘攘的人群，每个人都穿戴一新，喜笑颜开，好像在庆祝盛大的节日。他环顾四周，但见街道两旁的建筑高大华美，这是一座他从未见过的城市。然而楼上那些倚栏欣赏街景的少女，她们的着装和发髻，却是临安城中最时兴的样式。

　　他正自疑惑，忽然鼓角震天，他猛一抬头，原来自己不知不觉中已来到一座华丽的宫殿前面。千百名将士穿着彩色的战袍，正在举行庆功大典。

军乐声中，一位威武的将军登上殿前的高台，开始高声宣读大赦的诏书。

啊，他蓦然明白了，此地不是别处，正是他朝思暮想要收复的凉州！自己正是追随御驾来到这里的。突如其来的狂喜涌上心头，让他感到一阵窒息。与往日一样，他诗兴大发，当即吟出两句：

> 天宝胡兵陷两京，北庭安西无汉营。
> 五百年间置不问，圣主下诏初亲征。

刚吟完这两句，他心里一动，忽然从梦中惊醒。哪里有什么人群和长街？偏西的月光斜斜透过窗纱，周遭一片沉寂，世界仿佛飘浮在皎白的雾气里。过了好一会儿，他才想起来，他是在自己抚州的官邸之中。在短暂的领取祠禄的闲居之后，他被任命为提举福建常平茶盐公事，在建平待了将近一年，随后孝宗皇帝发来诏书，要他到抚州提举江南西路茶盐公事，无须到临安面圣。比起刚才的南柯一梦，这走马灯般的仕途奔波，更让人恍如梦中。

但是那梦境带来的喜悦仍浮漾在他的心头。
他点亮灯烛,蘸着傍晚时余下的残墨,续写下梦中
未能完成的诗:

> 熊罴百万从銮驾,故地不劳传檄下。
> 筑城绝塞进新图,排仗行宫宣大赦。
> 冈峦极目汉山川,文书初用淳熙年。
> 驾前六军错锦绣,秋风鼓角声满天。
> 苜蓿峰前尽亭障,平安火在交河上。
> 凉州女儿满高楼,梳头已学京都样。

在南郑的从戎生涯仿佛一个短暂的美梦,那
时他坚信,只要朝廷上下齐心协力,收复中原的宏
图便指日可待。当这梦境突然搁浅,在成都安抚
司的闲官任上,他也曾一次次借酒浇愁,也曾在酒
肆歌坊间彻夜流连,试图麻醉自己。然而正是因
此,他一度被言官以"燕饮颓放"之名弹劾。陆游
索性把"颓放"拿来做了别号。是的,此时坐在抚
州官邸里的,不是别个,正是一个行将老去的"陆
放翁"。

2

嘉泰二年（1202），南宋朝廷准备修纂孝宗、光宗两朝实录及高宗、孝宗、光宗三朝史，需要文笔既佳，又熟谙前朝掌故的人来负责撰写。很快，圣旨颁下，诏令陆游进京修史。

这一年，陆游已经七十八岁了。自从十三年前在礼部郎中任上被罢职还乡，他再也没有出来做官。人生七十古来稀，此时尚在世的文人之中，当首推陆游与杨万里，他们在诗歌上的成就各有千秋，但若论史才，陆游撰有《南唐书》十八卷，考证翔实，向为史家所推重。此时的陆游虽年事已高，但身体健朗，耳聪目明，确是修史的上佳人选。

六月十四日，陆游到达临安。一别经年，垂老还都，一应迎来送往，新人旧事，在他眼里都已是杯水微澜。朝廷也照顾他年迈，特许他免奉朝请。小儿子子遹这次跟随他入都侍奉，其他的几个儿子都已经各有官职。于是他安心修史，除了必要的应酬，很少关注其他的事情，日子过得倒也愉快。

转眼到了十一月，当时手握大权的太傅韩侂

（tuō）胄为庆祝自己的五十大寿，宴请亲友及同僚，陆游也接到了请柬。

"父亲您看，咱们该准备一份什么样的贺礼呢？"子遹问他。

陆游沉吟着，没有作答。

三年前，他意外地收到韩侂胄的一封信。信中说，圣上年前赏赐给韩家的一座园子，如今已修葺完毕，取名"南园"。因仰慕陆游的大名，恳请他作一篇《南园记》，以供勒石之用。信写得十分客气，随信还附上了园林的图纸。

陆游当时颇感意外，因为在此之前，他与韩侂胄并无交集，且韩氏权倾天下，身边自是不乏乐于锦上添花之人，怎么会突然想起他这僻居乡野的一介衰翁？犹豫了几天，他还是决定接受请托。那篇《南园记》，他颇费了一番斟酌。韩侂胄出身世家，其曾祖父韩琦，乃是三朝名相，于是他在文中着重书写了韩琦的功勋，又说韩侂胄继承祖先之志，鼓励其勿忘抗金复兴。最后他巧妙地写出了他接受作记之请的原因："韩公门下，才杰辈出，窃以为韩公之所以委托我来作此文，想必是因为我年老愚钝，又已僻居乡野多年，作此文章，也便无须任何阿谀之辞、夸饰之语，而足以道出韩公的志向吧！”故意把自己通篇之中不肯作谀辞说成是韩侂胄的本意。

"父亲是在考虑去还是不去吗？"子遹的话打断了他的回忆。

"啊，按说是该去的。"陆游慢吞吞地说。

"是不是——这个韩太傅曾经做过对父亲不利的事？"见父亲一副为难的模样，子遹有些疑惑。

陆游看了儿子一眼，到临安半年，子遹的神色之间，似乎有了变化。

"那倒没有。这人是在'绍熙内禅'之后，才慢慢得了权势，那时我已经回了山阴。"

"什么'绍熙内禅'？"

陆游下意识地向门口看了一眼，门关着。他又看了看子遹，这个小儿子长身玉立，已经是个大小伙子了。

他指了指旁边的椅子，子遹便坐了下来。

"那时候是绍熙五年，光宗皇帝在位。光宗的皇后李氏，据说性情十分善妒。有一年祭天大典，光宗皇帝依例住在南郊的斋宫，这李皇后趁着皇帝不在宫里，杀了他最宠幸的一个妃子。消息传到光宗皇帝耳里，皇帝又惊又悲，当下泪流不止。

"没想到大典开始时，天地间忽然刮起一阵狂风，把祭坛上的灯烛吹倒了，火苗点燃了旁边的幕布，皇帝和随祀的大臣都惊得呆了。这时突然下起雨来，浇熄了大火。皇帝本来就在伤心之中，又受到了这番惊吓，以为自己获罪于天，忧惧不安，从此开始，精神就不太正常了。

"那时孝宗皇帝还在世，心里疼惜儿子，未免责备了李皇后几句。这个李皇后就在光宗皇帝面前挑拨，从此父子间的关系越来越糟。到了老皇帝病重时，光宗皇帝也不曾去探视。孝宗皇帝驾崩，光宗皇帝又不肯出面主持丧礼。这下子，朝廷上下的人心都乱了。你想想，咱们讲究的就是君臣父子，皇帝贵为九五之尊，理应为臣民们作出表率，如果连这一点都做不到，如何还能继续承担治国大任？

"当时赵汝愚这些大臣就秘密商议，想立嘉

王为帝，也就是当今圣上。这时光宗皇帝的祖母吴太后还在世，赵汝愚想请吴太后出面，降下手谕，如此才不违祖宗章法。他们原打算请吴太后的两个侄儿入宫传递消息，不承想那二人不敢担此大责。没办法，这才想到了韩侂胄，他是吴太后的外甥，当时负责守卫宫门，也是个合适的人选。

"在这件事上韩侂胄立了大功，所以当今圣上登基后，将韩侂胄的侄女立为皇后。"

子通听得张大了嘴，半晌没有回过神来。

"如今韩皇后已死，情形又有所不同。韩侂胄大约是觉得自己不能再倚仗皇亲国戚的身份，而必须有所建树。看得出，他眼下正竭力团结朝中有识之士，准备着手收复中原的大业。所以，不管以前有过什么是是非非，这个寿，咱们还是该去贺的。"

陆游并没有想到，他会因此被人们诟病，他们说他攀附韩侂胄，是为了获得出仕的机会。

而事实却是，翌年五月，国史修成，陆游便奏请还乡。

立在船尾，他久久地凝视着沐浴在晨曦中的

临安城，多年前的往事，一幕幕浮上心头，又随着起伏的波浪渐去渐远。

自此，他再也没有到过临安。

3

陆游觉得自己真的老了，老得坐在椅子上晒着太阳，不知不觉就打起了盹儿。老得有些时候，他甚至分不清梦境与现实。

这一天，他遇见了一位奇士。那人立于高楼之上，大口地喝着酒，大声地唱着歌。这歌声吸引了陆游，他竟然拖着老迈的身体，不知不觉中登上了高楼，来到了奇士的身边。一番攀谈之下，他惊奇地发现，这个人熟读兵书，对天文地理皆有研究，说到破敌的阵法，更是如数家珍。有此奇才，何惧胡虏不平！他抚掌大笑，却忽而从梦中惊醒。

陆游闭上眼睛，想继续这场梦中的交谈。直到这时，他忽然觉得，梦中这个奇士如此面熟——啊，他慢慢地想起来了，那难道不是多年前自己的

陆游觉得自己真的老了，有些时候，他甚至分不清梦境与现实。

脸吗？

猫儿悄无声息地走过来，跳上他的膝头。他又是一惊，好像突然记起了此刻的时间。

这是开禧二年（1206）二月的一天。就在几天前，从临安传来了战事即将发动的消息，他感觉周身一日凉似一日的血液，陡然间热热地奔流起来。两年前，听说岳飞被追封为鄂王，而秦桧从申王降为卫国公，他就对自己说：快了，快了。他当然知道，这些追封和追贬，对已死去的人自是全然无用，但对于生者来说，却是巨大的暗示和鼓舞。从那时起，他就开始了等待。而这鼓舞人心的消息，到底被他盼来了。

果然，到了五月份，宁宗皇帝下诏伐金。

最初的战事十分顺利，南宋军队接连攻下了泗洲、新息县、褒信县和虹县。接到邸报，陆游觉得自己像一匹伏枥多年却仍志在千里的老马，犹能到战场上驰骋杀敌：

老马虺隤依晚照，自计岂堪三品料？

玉鞭金络付梦想，瘦稗枯萁空咀嚼。

中原蝗旱胡运衰，王师北伐方传诏。

一闻战鼓意气生，犹能为国平燕赵。

然而最初的胜利之后，战况很快急转直下。面对金兵的反攻，宋军无力招架，节节败退。最糟糕的是，四川宣抚副使吴曦投降金国，导致整个西南军心动摇。虽然不久后，吴曦即被起义军所杀，但西南军队内部已然混乱，没有余裕去支援东南的战事。

战争只持续了一年，南宋朝廷的意志再次动摇了，和议又被秘密地提上了日程。然而金国对和议的要求也更为苛刻，除了两国的疆界恢复到战前、增加岁币、给付犒军银外，还勒令宋廷诛杀韩侂胄。

韩侂胄死了，首级被运往金国。宋、金的和议达成，岁币增至三十万，另付犒军银三百万贯。

前一年冬天，陆游写了一首《十一月四日风雨大作》，眼下，他把它翻找出来，反反复复地吟诵：

僵卧孤村不自哀，尚思为国戍轮台。

夜阑卧听风吹雨，铁马冰河入梦来。

吟着吟着，他老泪纵横。

4

陆游的精力越来越不支了。嘉定二年（1209），从春上开始，他就断断续续地生病。对于生病这件事，陆游早就习惯了。大约十年前，他已经懒得在生病时服用药物，说来奇怪，那些病症，竟也都一个个自行退却了。

想到这里，他的嘴角浮上一丝笑意。病魔能把他这样一个早已不畏死亡的老人怎么样呢？那么多的友人已经故去了，当他死去，他将在地下与他们重逢。他也将找到唐婉，向她倾诉这许多年来对她的愧疚和相思之情。他还要找到辛弃疾。那一年，他因为贫困无钱修葺房屋，辛弃疾知道后，主动提出要出资为他修建新屋，但被他断然拒绝了。这个生性豪侠的辛稼轩啊，名为弃疾，却在郁郁不得志中病死在铅山。那是哪一年？是了，是开禧三年（1207），韩侂胄被杀的那一年。辛稼轩比韩侂胄还早走了两个月。也是那一年，他穷得连除夕时该换的钟馗像也买不起了，但是他不在乎。老杜说，国破山河在，城春草木深。如今，年纪越老，他就越能体会到当年老杜的心。

到了夏天，他的病情好了一些，但立秋后，胸膈上又痛将起来，直到寒露节气，方才好转。他再次把病魔嘲笑了一番，起床更衣，自己跑去城里缴税款。

但是没过多久，他就再次病倒了，而且病情日渐沉重。

十二月初五这天，他觉得口中似有异物，吐出来一看，是一颗臼齿。俗语说，瓜熟蒂落，想来，小如这牙齿，是这般；大如人命，也是这般；再大者如天上星辰，还是这般。

知道自己时日无多，他让儿子们备下纸笔，扶他起来，慢慢写下他此生中最后一首诗：

死去元知万事空，但悲不见九州同。

王师北定中原日，家祭无忘告乃翁。

嘉定二年（1210）十二月二十九日，八十五岁的陆游，在寒冬中的山阴家中，溘然长逝。

陆　游
生平简表

●◎宋徽宗宣和七年（1125）

陆游出生。

●◎宋高宗建炎四年（1130）

陆氏全家赴东阳山中投奔地方武装首领陈宗誉，以避战乱，三年后回到山阴。

●◎绍兴十年（1140）

赴临安应试，未中。

●◎绍兴十二年（1142）

学诗于曾几。

●◎绍兴十四年（1144）

与唐琬结婚。

●◎绍兴十六年（1146）

与唐琬离异。

●◎绍兴二十三年（1153）

赴临安应试。锁厅试荐第一，礼部试落第。

●◎绍兴二十八年（1158）

首度出仕，赴福州宁德县主簿任。

● ◎ 绍兴三十年（1160）

正月，离开宁德县赴临安，担任敕令所删定官。与周必大结为知交。

● ◎ 绍兴三十一年（1161）

金兵大举南侵。敕令所取消，陆游返回山阴暂居。时曾几客居会稽，陆游屡次前往探视。

● ◎ 宋孝宗隆兴元年（1163）

代二府作《与夏国主书》及《蜡弹省札》。

● ◎ 乾道六年（1170）

离乡入蜀，赴夔州通判任。

● ◎ 乾道八年（1172）

到达南郑，任四川宣抚司干办公事兼检法官。十月，四川宣抚使王炎召还，幕府解散。

十二月，陆游起程赴成都。

●◎淳熙三年（1176）

被言官弹劾"宴饮颓放"，免官。始自号"放翁"。

●◎宋宁宗嘉泰二年（1202）

朝廷修纂孝宗、光宗两朝实录及三朝史，诏令陆游进京修史。

●◎嘉泰三年（1203）

国史修成，陆游离开临安，自此再未入都。

●◎嘉定二年（1209）

十二月二十九日（1210年1月26日），陆游去世。临终前，作《示儿》诗。